CARLOS CUAUHTÉMOC SÁNCHEZ

DECISIÓN
CRUCIAL

DIAMANTE
Best Sellers de valores
para mentes jóvenes

ISBN 978-607-98307-6-2

Derechos reservados:
D.R. © Carlos Cuauhtémoc Sánchez. México, 2010.
D.R. © Ediciones Selectas Diamante, S.A. de C.V. México, 2010.
Mariano Escobedo No. 62, Col. Centro, Tlalnepantla Estado de México, C.P. 54000.
Miembro núm. 2778 de la Cámara Nacional de la Industria Editorial Mexicana.
Tels. y fax: (55) 55-65-61-20 y 55-65-03-33
Lada sin costo: 01-800-888-9300 EU a México: (011-5255) 55-65-61-20
y 55-65-03-33 Resto del mundo: (0052-55) 55-65-61-20 y 55-65-03-33
Correo electrónico: informes@esdiamante.com
ventas@esdiamante.com

www.carloscuauhtemoc.com
www.editorialdiamante.com

DECISIÓN CRUCIAL

1
LOS RUGIDOS DE LEÓN
Planeación

Estaba muriendo en vida. Me resultaba imposible comer desperdicios, dormir en un colchón que olía a vómito, y convivir con gentuza de ojos esquizoides y manías depravadas.

Había visto muchas películas sobre la cárcel. Nunca imaginé estar en una. Me resultan risibles las soluciones tontas propuestas por guionistas de cine y televisión que enseñan al público cómo escapar de prisión: construir túneles con cucharas robadas, volar desde azoteas usando sábanas viejas como paracaídas, meterse en contenedores de basura y fingirse el muerto. En la vida real, la seguridad de las cárceles (al menos de la que conocí) es inquebrantable, el hacinamiento ingente, la descomposición meridiana. Pero a todo se acostumbra uno. Lo digo con vergüenza. Pocos días después de mi ingreso al penal, estaba actuando como los demás y me había habituado al olor del colchón.

Así transcurrieron veinticuatro meses. Los peores de mi juventud. Esos, que si fuéramos pintores, con gusto borraríamos del lienzo de nuestra vida. Y comienzo mi relato justo ahí, no como quien se place en revivir sus angustias para despertar condolencias, sino, muy al revés, movido por la certidumbre de quien justo en ese sitio aprendió a valorar los privilegios perdidos.

Desde niño entoné la cantaleta de que *ojalá se acaben las escuelas del mundo.* Leonardo, un voluntario del presidio a quien llamaban León, me hizo arrepentirme de esa estupidez.

—Ustedes han sido inscritos en un programa de rehabilitación que puede llevarlos al indulto —el mentor, delgado y pequeño, más parecía un gatito asustado que un león—, ya lo saben. Algunos tienen su posible fecha de libertad marcada dentro de doce meses o menos. Quizá saldrán de aquí. Todo depende de los resultados que obtengan en este curso.

—Basura —murmuré.

León se acercó.

—¿Qué dijiste, Uziel?

—Nada.

Puso su mano en mi hombro.

—Por lo visto, algunos no han entendido que este programa es un privilegio. Claro. Que perderán con facilidad si no tienen cuidado —apretó los dedos sobre mi clavícula unos segundos, luego me soltó y siguió caminando—. Les estaba explicando. Necesitan demostrar equilibrio emocional y capacidad para adaptarse de forma sana a la sociedad otra vez. Trabajaremos una hora diaria en este salón.

Miré alrededor y no pude evitar proferir una expresión de burla.

—¡Ja!

Algunos rieron. El mentor detuvo sus pasos y respiró hondo, como controlándose.

—Me estás colmando la paciencia, Uziel.

Agaché la cara. Pero yo tenía razón en ironizar. Ese sitio no era más que un sótano húmedo, oscuro y frío, que otrora fungió como bodega de alimentos y fue desechado por la nueva administración de la penitenciaría cuando comprobaron que las bacterias provocadas por heces de ratas eran difíciles de erradicar. Claro está que, antes de iniciar el susodicho programa, los participantes fuimos amablemente convocados para limpiar el bodegón a fondo. Aunque los roedores se escondieron, a los pocos días volvieron a asomar sus narices por las coladeras y terminaron saliendo en grupos para rehabilitarse con nosotros.

—A ver —dijo León escribiendo tres preguntas en la pizarra—; quiero escucharlos. ¿Quién comienza?

Levanté la vista. El hombre tenía caligrafía atropellada, apenas descifrable. Leí:

1. *¿Cuáles eran tus sueños de juventud?*
2. *¿Cuáles eran tus aptitudes?*
3. *¿Por qué no planeaste bien tu vida?*

Los cuestionamientos aludían al pasado. Eran parte de un ejercicio cruel. *Lo que pudimos hacer y no hicimos.*

—Reconocer el potencial que tenían antes de llegar a esta prisión es el primer paso para reencontrarlo. ¿Quién empieza? ¿Uziel?

—¡Pero qué terquedad!

—¿Por qué te niegas a participar?

La mayoría de los presos teníamos baja estima y pésima capacidad de respuesta ante la presión. O huíamos o agredíamos. Yo era de los primeros, pero también resultaba hábil para pelear si me provocaban. Estaba, como muchos, profundamente lastimado.

—No me niego —dije al fin—, sólo que odio este maldito lugar de porquería. No pertenezco aquí —comencé a recibir abucheos—. Tampoco necesito un estúpido curso.

—¡Demuéstralo!

—¿Cómo? He aprendido que lo que diga puede ser tomado en mi contra.

—Aquí no pasará eso. Si pones de tu parte, podrás rehabilitarte.

La palabra volvió a martillarme el cerebro.

—¡Maldición! Entiende, Leoncito. ¡Yo no necesito *rehabilitarme*!

Se elevó un alboroto de reniegos.

«¡Tampoco nosotros!» «¡Cabrones, sabelotodos!» «¡Somos víctimas, también!» «¡Ni siquiera nos tratan como personas!» «¡Nos creen animales!» «¡No cabemos en esta pocilga!»

Las voces subieron de tono. El mentor trató de calmarnos. Cuando la barbulla fue insostenible, pidió ayuda. Cuatro guardias de seguridad se aproximaron. Uno de ellos hizo chocar su tolete contra las sillas. Los otros tres lo imitaron. Siguieron acercándose. El ruido de los golpes atenuó el naciente motín hasta su extinción. Guardamos silencio poco a poco. Sabíamos que de no hacerlo, podíamos recibir los garrotazos en el cuerpo.

—¿Te diste cuenta de lo que ocasionaste, Uziel?

—Sí.

—¿Vas a cooperar?

Me encogí de hombros.

—Dices que no perteneces a este lugar. Tus compañeros y yo queremos saber por qué.

—Otro día.

—Está bien, no voy a forzarte, pero ten cuidado —enseñó los dientes una milésima de segundo y después preguntó—: ¿algún voluntario a participar?

Nadie se comidió. León suspiró, puso las manos en su espalda y comenzó a caminar, hablando como si pensara en voz alta.

—Somos lo que soñamos. Ya lo decía Calderón de la Barca. ¿Qué es la vida? Una ilusión, una sombra, una ficción, y el mayor bien es pequeño: que toda la vida es sueño, y los sueños, sueños son. Así de fácil amigos. Estamos hechos de sueños. Mientras más intensos, más convincentes y energizantes. Ningún campeón deportivo logra ganar una medalla de oro por casualidad. Ningún profesionista exitoso se hace rico por error. Ningún artista llega a la fama por buena suerte. Todo comienza con un sueño y los sueños se materializan cuando *planeamos* cada movimiento y *actuamos* usando nuestras aptitudes —volvió a leer las preguntas que había escrito—. ¿Cuáles eran tus sueños? ¿Cuáles tus aptitudes? ¿Por qué te faltó planeación? ¿Ahora sí? ¿Ya le encuentran sentido al ejercicio? —dejó la pregunta en el aire; la tosca y rústica concurrencia parecía desentendida—. Amigos. Ustedes se creen muy bravos, pero no nos hagamos tontos, están aquí porque planearon mal su vida, les salió el tiro por la culata —se paseó como fiera al acecho mirándonos a la cara; las venas de su cuello saltaban en cada latido de su corazón—. Ha llegado el momento de volver a planear. ¡Participen en este curso al que fueron invitados, aprendan y termínenlo! Proyecten su futuro y sueñen otra vez.

León ya no se veía tan pequeño ni tan flaco. Sus rugidos le habían hecho respetable. De la arenga, capté poco, pero comprendí al menos que yo era un fracasado por haber soñado mal y planeado peor. ¡A los veinte años había cambiado de carrera tres veces, abandoné los estudios, y ahora estaba en la cárcel a causa de mis confusiones vocacionales! ¡Todos los caminos a la desdicha parecían converger en el mismo agujero!: Mi falta de planeación.

Han pasado muchos años desde aquellas escenas que describo. Ahora soy maestro y amo impartir una asignatura muy desvalorada a la que he rebautizado como *Ciencia de planea-*

ción profesional. Quiero revelar a mis alumnos los errores que cometí y aún relatar situaciones de mi pasado que por privadas y vergonzosas ninguno de ellos sabe. No aspiro a publicar un libro de autoayuda. Al mundo no le hace falta otro. Tampoco me interesa enseñarle a alguien cómo vivir. Yo lo hice muy mal. Hablo claro desde el inicio. Sólo plasmaré mis memorias sobre la cárcel y algunas introspecciones respecto a momentos que exigen atención urgente y toma de decisiones cruciales. Cuando un barco atraviesa por la peor tormenta, el capitán y la tripulación tienen que poner todo su esfuerzo para volver al plan de viaje. Si a un buzo se le está acabando el oxígeno, necesita regresar a su plan de inmersión. Los tiempos críticos exigen planeación o re-planeación.

Hoy enseño a mis alumnos que planear es definir cursos de acción para ir de un punto a otro, tomando decisiones tanto de compromisos como de renuncias.

De joven, quise tener todo a la vez. Eso es imposible. El hombre que decide casarse con una mujer, *renuncia* a las demás mujeres del mundo. Quien decide mudarse a una ciudad, *renuncia* a los beneficios de las otras ciudades. El que elige una profesión, empleo, empresa o negocio *renuncia* al resto y se compromete con su elección.

Richard Nelson, uno de los consultores más notables en el área de planeación laboral dice: «Cuando te sientas a tratar de decidir con exactitud qué es lo que quieres hacer con la vida que tienes por delante, estás proyectando planes para un futuro muy largo. Un trabajo de cuarenta horas semanales durante cincuenta semanas al año suma dos mil horas anuales. ¿Cuánto tiempo vas a estar desempeñándolo? ¿Diez años? Son veinte mil horas. ¿Quince años? Son treinta mil horas. Bien vale la pena dedicar dos semanas de tu vida, o dos meses, a lo que sea necesario para hacer buenos planes, con el fin de que lo que efectúes en esas veinte o treinta mil horas sea algo que disfrutes, que hagas bien, algo que responda a lo que concibes como una misión en la vida».

Quien planea bien su ocupación, se realiza como ser humano. Vale la pena aspirar a ello y dedicarle tiempo. Hoy lo entiendo con absoluta certeza. Pero en aquel entonces sólo lo intuía tenuemente.

El asesor estaba dando sus explicaciones al respecto cuando un custodio entró al recinto sin pedir permiso.

—Hay correspondencia. ¿Puedo entregarla?

—¡No! —dijo León—, estamos en medio de una sesión. ¡Espere!

La barahúnda se formó otra vez. Sobresalieron murmullos e insultos.

—Está bien, está bien, entregue las cartas y déjenos trabajar.

Cuando me nombraron, salté al frente para recibir mi correspondencia. Era una carta de alguien que nunca antes me había escrito. Comencé a abrirla de inmediato. A mi lado derecho Dragón Cancún me miraba con envidia, como si quisiera arrancar de mis manos el papel y romperlo en mil pedazos. Él jamás recibía correspondencia.

—Pobrecito. El Dragón no tiene quien le escriba —me reí de él y le hice una seña obscena con el dedo. De inmediato me arrepentí. Dragón Cancún era un tipo famoso por su mal aliento y sus transgresiones. Fue tratante de blancas en el Caribe mexicano, por eso su segundo apodo era «Cancún». Envidioso, malvado, cabecilla de una pandilla en la cárcel y autor de varios asesinatos.

Dragón Cancún me miró con fijeza y movió la boca de forma exagerada, sin emitir palabras, para que nadie sino yo lo escuchara.

—¡Te voy a matar, pendejo!

Volví la vista a mi carta y cerré los ojos sintiendo una suerte de vértigo. Sabía que el sujeto no bromeaba.

2
EL SUEÑO DE MARRANITO
Habilidades

—Yo quería ser piloto. Me cae. Y no se burlen, porque es verdad. Aunque no lo crean, también tenía aptitudes y esas cosas. Soñaba en volar.

Hubo risas; alguien bromeó:

—¡Lo lograste! ¡Con el polvo feliz!

—¡Silencio! —León nos miró, retador.

—¡Sigue! Te escuchamos.

Beto, a quien llamábamos Marranito por su voluminoso abdomen, llevaba también otro programa para rehabilitarse de las drogas. Habló a tropezones, arrastrando las palabras; poco a poco fue soltándose hasta explayarse de corrido:

—De chavo era buenazo para los videojuegos. Nadie me ganaba en los simuladores, las navecitas y los carritos y todo eso. Era muy abusado. Me cae. Luego me dio por aprender a usar computadoras. Sabía un resto de trucos. Esas eran mis aptitudes, pero como dije, soñaba con ser piloto. Varias veces fui a volar ultraligeros con unos amigos de la prepa. Coleccionaba fotografías y maquetas de todos los aviones de guerra, de esos que se ven en las películas viejas. Pero mi sueño era imposible, como dice la canción. Es como cuando te enamoras de una señora casada, tu vecina o algo así. Sabes que nunca será tuya, a menos que le pongas el cuerno a su marido y ella se deje, pero eso es otra cosa. Mi papá tenía restaurantitos, pero luego puso uno más grande, con bar y todo. Le dio al clavo, porque su changarro creció y se llenó de gente. Iban muchos ejecutivos a comer; mi jefe contrataba meseras resbalosas. Las tías se sentaban en las piernas de los clientes. Se supone que yo debía trabajar ahí.

Me cae que uno es juguete del destino, como dice otra canción. Cuando le dije a mi jefe que yo lo que quería era ser piloto, se carcajeó de mí. Como me emberrinché y le contesté que era un mal padre, me dio un chingadazo que me mandó a la cocina. Nunca volví a mencionar ese asunto. Me dejé llevar por la corriente. Y viéndolo bien, la onda no era tan mala. Había lana y viejas que me respetaban por ser hijo del patrón. Pero ese lugar era un antro de mierda disfrazado y se prestaba para todo. Comencé a vender polvo a escondidas. Descubrí el puro *business*. Cuando te metes en esas broncas, tarde o temprano te joden. Eso me pasó.

Marranito se cruzó de brazos para indicar que había terminado. Su compañero adyacente le dio un golpe en la espalda.

—¡Bravo, Marranito!

Recibió aplausos y profusas miradas de beneplácito. El discurso le devolvió algunos puntos de popularidad.

—Gracias —dijo el profesor León—. Beto. Comprobaste desde joven que eras talentoso para manejar simuladores de vuelo y aparatos computarizados. Tus aptitudes te hicieron soñar en ser piloto. Pero te faltó perseverancia. Quizá debiste hacer una investigación, un análisis serio de las escuelas, los costos y las ventajas de ser piloto. Quizá debiste presentar a tu papá un plan bien pensado y respaldado con información. Él se rio de ti porque quizá le pareciste como un niño berrinchudo que quiere ser guerrero intergaláctico.

Había innumerables goteras y escasa ventilación. Treinta hombres jóvenes sobre desvencijadas sillas metálicas formábamos un semicírculo en el recinto frío, tétrico y húmedo. Parecíamos distraídos, pero en el fondo, algunos estábamos echando a andar los mecanismos mentales que dan libertad. Yo escuchaba mientras trazaba rayas erráticas en un papel fingiendo aburrimiento. Siempre quise ser profesionista, aunque jamás logré, como Marranito, identificar cuáles eran mis aptitudes. Ni siquiera entendía la diferencia entre habilidades y talentos. Todo me parecía lo mismo.

Era, como muchos, ignorante en cuanto a mi propia naturaleza.

Hoy sé que *talento* es la capacidad espontánea y natural para desarrollar una actividad, mientras que *habilidad* es la capacidad desarrollada a base de entrenamiento y trabajo. Con nuestros talentos nacemos (aunque de todos modos necesitamos cultivarlos). En cambio nuestras habilidades nos exigen mayor esfuerzo. Casi podemos desarrollar cualquier habilidad si dedicamos el tiempo suficiente. Hay quienes desarrollan habilidades por conveniencia u obligación cuando por ejemplo, su trabajo lo exige. Como quiera que sea, al conjunto de talentos / habilidades se le llama «aptitudes» o «competencias». Para elegir un trabajo o buscar el empleo idóneo conviene preguntarnos cuáles son nuestras competencias. Laborar en lo que se nos facilita, es fructífero, agradable y hasta divertido. Existen exámenes psicométricos que nos pueden ayudar a descubrir nuestras competencias. Hagámoslos, pero también autoanalicémonos. Usemos la intuición y la experiencia: Observemos detenidamente nuestros «resultados pasados» en cada área: ¿Qué materias escolares, deportes, ejercicios, concursos o juegos se nos facilitaban? ¿Cuáles nos costaban mucho afán? ¡Los diplomas, trofeos, medallas o reconocimientos que tenemos *gritan a los cuatro vientos* nuestras competencias! (¿Estamos sordos?) ¡También lo anuncian los artículos que coleccionamos, los juegos de mesa que jugamos, las fotografías de actividades que tanto disfrutamos! (¿Seguimos sin escuchar?). ¡Somos hábiles y talentosos (sólo hay que descubrir en qué)! Esa certeza es la base de partida para nuestra realización profesional.

Cuando la sesión terminó, salí casi corriendo y me dirigí a mi dormitorio. Quería leer la carta que recién había recibido, pero sentí los pasos de alguien detrás de mí. Era Dragón Cancún acompañado de dos adeptos.

Llegué a la celda y salté a la parte alta de mi litera. Busqué con rapidez el arma que guardaba en la hendidura del colchón. Dos meses atrás, Marranito me había vendido un fierro; así le llamábamos a cualquier punta de metal que hacía las veces de daga o navaja.

Aunque prohibidos, los custodios introducían esos instrumentos y los vendían. Tráfico de estupefacientes y fierros eran jugosos negocios organizados por las mismas autoridades. Dragón Cancún entró a la celda. Hizo un pequeño comité con sus amigos. Intercambiaron sustancias que ingirieron de inmediato. Entendí que acababan de drogarse y supe, sin un resquicio de duda, que mi mayor reto era salir vivo de allí. Me escondí arropándome y pegando mi cuerpo a la pared. Esperé inmóvil con todos los sentidos erizados. No sucedió nada. Después de unos treinta minutos aflojé la tensión de mis músculos y procuré relajarme. Comencé a leer la carta que recibí. Pero mi cuerpo volvió a tensionarse. Apenas iniciada la lectura, sentí la boca seca y el pulso galopante.

Hola, Uziel.
¿Cómo estás? Me cuesta trabajo escribirte. Quizá acabes

tirando esta carta a la basura o rompiéndola. Está bien. Eso y más me merezco por haberte abandonado. De hecho, he pasado toda mi vida arrepentida.

Cuando naciste, yo era una niña, tonta e inmadura. Y tenía mucho miedo. Emigré de Cuba. A mi mamá, la devolvieron. A mí no porque un muchacho que conocí como turista en Varadero declaró que era mi novio y que se iba a casar conmigo. Me ayudó a salir del arresto. Luego se cobró el favor y me dejó.

Tenía dieciséis años y conseguí trabajo como niñera en una casa. Me sentía deprimida la mitad de los días. Extrañaba a los amigos que dejé en Cuba. Estaba tan sola que me enamoré de un trabajador de la construcción. De él me embaracé. Después supe que era casado. Lloré mucho. Mis patrones me consolaron y animaron. Como me veían tan triste, decían entre jugando y en serio que si quería podía darles al bebé cuando naciera. Ellos sólo tenían una niña a la que yo cuidaba.

Por las tardes me gustaba pasearme por la catedral de la pequeña ciudad. Coleccionaba estampitas de santos y leía folletos sobre historia de la Iglesia. Creí que esas señales significaban que yo tenía vocación religiosa. Se lo dije a una monja y ella se ofreció a ayudarme para que estudiara religión en la capital, pero antes me pusieron como condicionante que diera en adopción a mi bebé.

Después del parto me entró una nostalgia mortal y a los tres días de tu nacimiento, te abandoné. Fue una decisión impulsiva, tonta, motivada por la creencia de que me estorbarías para mi vocación. Pero no tenía tal, porque a mí no me gustaba rezar ni escuchar misa. En realidad, confundí mis intereses. ¿Lo puedes creer? Por ejemplo, coleccionaba las estampas porque eran reproducciones de grandes artistas como Giotto y Fra Angélico, y pasaba mucho tiempo en la catedral porque me gustaba la atmósfera reinante, la música sacra y la belleza física *del lugar. En otras palabras, admiraba desde un punto de vista estético, y no espiritual, las obras de la Iglesia. Años después, las pruebas psicológicas me revelaron que tenía muy poco de monja, pero mucho del perfil que usualmente se encuentra entre los arquitectos. ¡Qué fiasco! Después de que te dejé, me enclaustré por tres años en la capital. Fracasé en mis estudios religiosos y quise recuperarte. Viajé de vuelta a la casa de mis antiguos patrones, toqué la puerta y grité que quería que me devolvieran a mi hijo. Pero las cosas no se hacen así, con el estómago. Ellos tenían todo el historial jurídico del niño abandonado, las instancias y requisitos de ley que se cumplieron una por una hasta la adopción plena. Yo no era más que una simple niñera ignorante e ilegal.*

Me casé con un hombre y tuve tres hijos más, pero a mi marido le gustaba pegarme y pegarles a los niños, así que me divorcié. Volví a buscarte. Traté al menos que se me permitiera verte de vez en cuando y convivir contigo. No me dejaron. Como tu abuelo me vio tan exasperada, me ofreció trabajo y estudios. Él pagó mis colegiaturas y, aunque me costó mucho, terminé la universidad.

Uziel, esta es la triste historia de tu madre. Sé que no tengo justificación, pero por ignorancia cometí muchos errores. Yo te vi crecer. Estuve cerca sin que lo supieras. Lo que más me ha gustado siempre de ti es que eres muy noble. Cuando me enteré que te metieron a la cárcel, quise darte apoyo. Por eso te escribo. Tengo miedo de que cambies y que cuando salgas, ya no seas igual. Me preocupa tu mente. Por favor, no te hagas amigo de gente mala. No confíes en nadie. No te contamines. Sé fuerte.

Te quiero mucho y siempre te he querido.
Tu mamá.

Terminé de leer la carta y permanecí quieto, devastado por la sorpresa. Me faltó oxigenación y me incorporé en la cama. Mi vista se topó con la de un hombre disoluto. Dragón Cancún estaba de pie, vigilándome, recargado en el muro, fumando subrepticia e ilegalmente un churro de marihuana.

3
EL ALIENTO DE DRAGÓN
Gusto e interés

Volví a tumbarme en el sucio colchón. Me sabía en peligro, aunque mi mente estaba demasiado embrollada para discurrir una salida.

Desde años atrás fui notificado (con cierta crueldad), que yo no era hijo de quienes siempre consideré mis padres, pero una cosa era conocer el dato y otra muy distinta hallarme de frente con un papel escrito a vuelapluma por la mismísima mujer que me dio a luz.

¿Quién era ella? La carta aclaraba que me vio crecer y siempre estuvo cerca sin que yo lo supiera. Revisé mis archivos mentales de las mujeres adultas conocidas. ¿Quién de ellas podía ser? ¿Una vecina, una maestra, una amiga de la casa? No tuve éxito en mi memorización. Tampoco me esforcé demasiado en ella. No tenía caso. Había decidido no atormentarme con ese menester. Mi papá, hermana y abuelo conformaban, nadie más, mi verdadera familia. A ellos añoraba... Quise ver sus fotografías, pero me detuve antes de extraerlas.

Dragón Cancún, se había acostado en una de las camas bajas y me vigilaba con los ojos entrecerrados.

En aquella celda diseñada para seis huéspedes (si es que alguien se dignó siquiera diseñarla) vivíamos diez. Habían metido cinco literas de madera sobre las que ponían cobijas pestilentes para intentar suavizar la dureza de las tablas. Yo era de los pocos afortunados que atesoraba, en la litera alta, un pedazo de hule espuma que usaba de colchón. Con el fierro de Marranito le había hendido una rajadura lateral para guardar mis tesoros. Por supuesto, también escondía ahí el fierro. Esa noche preferí ponerlo bajo la almohada de trapos. Antes de que la luz se apagara guardé la carta de mi madre biológica con discreción e insistí en echar un furtivo vistazo a la foto de mi hermana que tanto me inspiraba, pero al jalar el mazo de papeles, todos mis tesoros se desacomodaron. Sobresalió un verso que envió mi padre meses atrás. No tenía firma ni fecha. Era la simple trascripción del poema de Rudyard Kipling. *Si*.

El timbre nocturno anunció que la luz sería apagada en tres minutos. Releí un par de estrofas a toda prisa.

Si guardas en tu puesto, la cabeza tranquila,
cuando todo a tu lado es cabeza perdida.
Si tienes en ti mismo una fe que te niegan
y no desprecias nunca, las dudas que ellos tengan.
Si esperas en tu sitio, sin fatiga en la espera.
Si engañado, no engañas.
Si no buscas más odio, que el odio que te tengan...
...Todo lo de esta tierra, será de tu dominio,
y mucho más aún,
serás hombre, hijo mío.

Apagaron las luces. Cerré los ojos. Estaba demasiado alterado para dormir.

«Te abandoné. Fue una decisión impulsiva, motivada por la creencia de que me estorbarías para mi vocación. Confundí mis intereses».

¿De modo que mi madre se deshizo de mí simplemente

porque estaba confundida en «sus intereses»? ¡Qué estupidez!, pero luego rectifiqué mi ponderación al comprender que yo me hallaba en la cárcel por motivos similares. ¡A qué grado de ruina podía llevarnos la falta de planeación! Mi madre era un prototipo de fallas. Yo lo era, y por muy que me pesara, Saira, mi querida y dulce hermana también lo era. Cometió errores graves a causa de su muy particular confusión. Lo que Saira vivió no merece ocurrirle a nadie. Fue terrible, peor incluso de lo que me pasó a mí. ¿Por qué mi madre, mi hermana mayor y yo fallamos en lo más básico? Ni siquiera sabíamos si lo que nos gustaba, nos interesaba de verdad.

«Gusto» es la atracción que sentimos hacia algo que nos proporciona deleite o beneficios. «Interés» es el deseo incontenible de aprender a fondo sobre algo. A mí, por ejemplo, siempre me gustó la música, pero nunca me interesó estudiar una carrera relacionada con ella. A pesar de tener ritmo y oído musical, era sólo un consumidor de melodías, fan, comprador, observador externo de algo que me causaba deleite. Por otro lado, y ésta es la gran paradoja, a mi hermana Saira además de gustarle la música, también le interesaba aprenderla; quería dirimir los cómos, cuándos y porqués; leía, investigaba y practicaba, ¡pero carecía de entonación y ritmo!

Hoy entiendo que nuestra ocupación debe «gustarnos e interesarnos», y además nosotros debemos tener «talento y habilidad» para su realización. Si seguimos esos indicios, a la larga no nos volveremos como la mayoría de los empleados mal encarados que sólo esperan que el reloj marque la hora de salida para sentirse libres. Nos sentiremos libres en nuestro trabajo, se nos pasará el tiempo volando y nos pagarán por hacer algo que haríamos gratis.

Estaba zambullido en mis meditaciones nocturnas cuando escuché un ruido sospechoso. No me sirvió de nada tener el sueño ligero y estar presto a defenderme si lo requería. Cuando quise moverme, era demasiado tarde. Dragón Cancún había saltado sobre mí, en la total oscuridad, insertando una punta de metal en mi garganta. El pánico me cortó el resuello.

—¿Qué quieres?

—Todo lo que guardas en el colchón.

—Son cosas personales. Cartas, papeles. No tienen valor.

—Dámelas —empujó la daga sobre mi piel y sentí cómo empezaba a cortarme. Apenas pude decir:

—Sí.

Aflojó la presión. Sentí el tufo de su aliento acre y sucio que lo había hecho tan famoso. Olía a bacterias dentales, a gingivitis, a gérmenes enquistados unos sobre otros en los resquicios bucales de alguien que no se ha lavado los dientes en años. Imaginé a ese patán mancillando el retrato de mi hermana y leyendo mi correspondencia en voz alta. Lo imaginé burlándose de mi madre biológica. No podía permitir que se apoderara de mis pertenencias. Además, en el escondite también guardaba dinero. ¿Con qué pagaría la protección que todos le dábamos a los custodios? ¿Con qué compraría comida y alcohol? ¡Todo dentro de la prisión tenía un precio! Si perdías la capacidad de sobornar a los cuidadores, ellos mismos acababan contigo.

Di un giro intempestivo y sostuve con la diestra el fierro que amenazaba con cortarme el cuello. Dragón Cancún me propinó un cabezazo en la cara que destrozó mi tabique nasal. Grité y lancé un puñetazo al aire, apenas rocé su oreja. Estaba demasiado cerca. Lo empujé haciendo un gran esfuerzo y caímos desde la litera alta. Chocamos con el concreto. Perdió su daga. Había poco espacio entre las literas, pero aún así luchamos cuerpo a cuerpo. Él era un matachín, sabía golpear, quería cumplir su promesa, no tenía intenciones de dejarme vivo. Yo, aterrorizado, atacaba para defenderme; aunque me sabía con escasas posibilidades de ganar una batalla contra ese monstruo, tenía bien claro que no podía darme por vencido. Los internos de la celda empezaron a gritar.

«¡Pelea!» «¡Mátense de una vez!» «¡Enciendan las luces para ver!».

Un fierro llegó a mis manos, no sé cómo alguien me lo acercó. En el instante mismo en que lo sentí entre mis dedos lo apreté para clavarlo en el cuerpo de Dragón Cancún. Gimió. La daga le penetró el estómago. La solté. Se levantó unos segundos para arrancarla de su cuerpo; pudiendo usarla contra mí, prefirió arrojarla y usar sus puños para aniquilarme.

Se encendieron las luces y llegaron los guardias. Mi agresor, aunque herido, seguía golpeándome, gruñendo como fiera enloquecida y lanzando puñetazos sin mirar ni medir adonde. Yo ya no podía defenderme más; había terminado por encogerme cubriéndome la cabeza con los brazos e implorando en secreto que los custodios se dieran prisa en detener esa masacre. No lo hicieron. Creo que la dejaron continuar a propósito por varios minutos más. Al fin entre varios trataron de arrancarme al bravucón. Como no pudieron, trajeron un inmovilizador de alto voltaje. Se lo pusieron en la nuca, pero al momento de aplicarle el castigo, la corriente eléctrica me invadió a mí también.

Quedamos los dos tendidos, desmayados. Él, sangrando por el abdomen, yo con el rostro destrozado.

Nos llevaron a la enfermería. Entre sueños supe que me harían una intervención quirúrgica. Al menos fue la sugerencia del médico. Escuché que el personal de salud discutía con las autoridades del penal. Unos decían que podía perder el ojo, otros aseguraban que no importaba. Por fortuna, los médicos hablaron de mis derechos humanos y aunque tarde, consiguieron la autorización para operarme.

Me sedaron. El dolor disminuyó al fin.

Hice antesala encadenado a la camilla, en espera de que el modesto quirófano se desocupara. Dragón Cancún estaba siendo intervenido con prioridad, porque su herida, aunque menos escandalosa, era de mayor peligro. Oí que por nuestro mal comportamiento saliendo de ahí, ambos estaríamos destinados a la llamada Z.C. o zona de control, en la que los presos más peligrosos eran observados y sancionados. Yo no conocía esas celdas de castigo, pero me habían dicho que eran aterradoras.

No supe cuanto tiempo estuve en el hospital de la penitenciaría, sólo sé que Dragón Cancún fue dado de alta primero, porque cuando me enviaron a la Z.C., él ya estaba ahí, esperándome.

4
LAS MEJILLAS DE LOLA
Rentabilidad

La supervisora de servicios escolares sólo atendía casos excepcionales. El mío lo era.

—Otra vez quieres cambiarte —expresó exenta de todo fervor, casi con hastío—. ¿Y ahora, por qué?

—Bueno, profesora, mire, he pensado mucho en mi vocación. Creo que no soy bueno para las matemáticas. Aunque si uno se esfuerza, claro, pues todo se puede ¿verdad? Tampoco, ya lo pensé bien, me atrae aprender de memoria los códigos legislativos. Eso es aburrido. Necesito algo más moderno que me permita interactuar con gente y sobre todo, ayudar. Eso es lo que busco. Ayudar.

—¿Cómo?

—¡Quiero ser cirujano plástico!

—Ajá... —se llevó una mano a la cabeza y usó los dedos como peine improvisado para acomodarse el cabello—. Te inscribiste en la Facultad para cursar ingeniería, a los seis meses solicitaste cambio al área de leyes. Ahora quieres ser médico. ¿Mañana aspirarás viajar al centro de la Tierra?

—No se burle. He pensado que convertirme en cirujano plástico sería prestigioso y lucrativo.

—¿De verdad? ¿Lo viste en televisión?

Enrojecí. En efecto. Me había hecho asiduo a una nueva

serie cuyos personajes se volvieron ricos gracias a la usanza de mujeres, aunque hombres también, que invertían grandes sumas sometiéndose a operaciones de embellecimiento.

Desde la lona traté de dar mis últimas patadas.

—Elegir carrera es una decisión crucial. ¡Debe hacerse con cuidado!

—Sin duda alguna, Uziel. Sin duda alguna. Por eso no voy a autorizarte otro cambio hasta que hagas el *análisis fundamental*. Eso te dará un panorama más completo y podrás considerar pros y contras para que estés bien seguro.

—Ya tomé el curso donde se hace ese análisis.

—Pues vuelve a tomarlo y hazlo de nuevo, ahora a conciencia. Déjame llamar a la profesora encargada. Espera.

—No hace falta. Si quiere yo voy a verla.

—Prefiero evitar el riesgo de que lo olvides.

Levantó su teléfono y dijo cosas que no escuché. Habló en voz alta, pero yo desconecté los hilos de mi atención. ¿Quién se creía esa mujer? ¿Por qué no seguía mis instrucciones y punto? Era yo, no ella, quien decretaba sobre los derroteros de mi vida.

Viendo esa escena en retrospectiva detecto que mi verdadero problema era de actitud. Nada me satisfacía porque tenía baja autoestima y pésima disposición para esforzarme.

A los pocos minutos entró una profesora de piel rojiza y mejillas muy abultadas. Ambas mujeres charlaron. Sólo oí las conclusiones.

—A este joven le negaré el cambio que solicita en tanto usted, profesora, no me haga llegar una carta aprobatoria de la decisión; guíelo en el *análisis fundamental*.

La mujer carirredonda me llevó a su oficina. Sus mejillas eran singulares. Parecía como si se hubiese injertado dos pelotas de esponja debajo de los ojos.

—Soy la maestra Lola. Puedes tutearme. Vamos a trabajar juntos.

La observé sin interés. Sus enormes mofletes la hacían parecer obesa sin que lo fuera.

Me entregó un material impreso para que lo estudiara. Eché un vistazo a las hojas. Demasiada información.

—¡Qué flojera. Lola!

—¿Cómo dices?

—Me dijo que podía tutearla.

—Sí, eso no me molesta, pero ¿por qué dices «qué flojera»?

—¡Son muchas opciones! ¿Cómo voy a elegir entre tantas?

—Descartando por grupos, como cuando vas a un restaurante en el que hay muchísimos platillos. Primero te preguntas si apeteces carne, pescado, pollo o vegetales, eliges un grupo y de ese un subgrupo, y así hasta llegar al platillo ideal.

Hojeé el material. Revisé los grupos de mi interés. Ingeniería, leyes y medicina. Eran dispares. Cada uno exploraba perspectivas casi opuestas. ¿Y si buscaba otro? Total, si no me gustaba podría volver a cambiarme después. Se lo insinué a Lola y ella esbozó una sonrisa entre irónica y vanidosa que la hizo parecer más esférica. Comenzó un discurso que no quise atender.

—Necesitas desarrollar una cualidad importantísima de la que careces. Se llama *conciencia de elección definitiva.* Elige lo mejor que puedas y después ve hacia delante hasta las últimas consecuencias. La carrera es como un matrimonio. Cuando alguien se casa pensando en divorciarse, seguro lo hará. Convéncete de que tu decisión profesional es para siempre.

—¿Y si de todas formas me doy cuenta que lo mejor es divorciarme —enseñé los dientes en una caricatura de sonrisa—, de mi carrera, quiero decir?

—Si te divorcias, de tu carrera, también quiero decir —ella no sonrió—, podrás seguir dos caminos: buscar otra a la que eventualmente también hallarás defectos y de la que querrás separarte de nuevo; y segundo, quedarte sin carrera para siempre. ¿Cuál te gusta?

—Pues me gustaría —insistí con chocante mordacidad—, ¡buscar hasta hallar a mi media naranja!

—¿Aunque para entonces ya seas abuelo?

—Claro ¿eso qué importa?

—No, Uziel. Hay decisiones cruciales que tienen un tiempo límite. Estás en el punto crítico de tu vida, no puedes darte el lujo de distraerte. Elegir con quién casarse, dónde vivir, qué carrera estudiar, dónde trabajar y muchas otras cosas importantes, debe hacerse con cuidado y método. Si sigues, negligente, dando tumbos, tu vida llegará a un estado de caos. Además, los antecedentes de inestabilidad profesional son muy mal vistos. Pocos empresarios quieren contratar a un joven que hizo dos años de arquitectura, dos de música y uno de cocina sin terminar algo.

—Ah —volví a hojear el mamotreto tomando todo a la ligera; hallé una lista de requerimientos que supuestamente las personas que buscan ocupación deberían revisar; mi vista se detuvo en uno de los puntos explicados—. ¡Esto me gusta! —leí—. Rentabilidad. La rentabilidad es la capacidad que tiene algo para generar beneficios económicos. Los negocios rentables producen más ingresos que gastos. La rentabilidad es un índice que mide la relación entre utilidades y la inversión de recursos que se utilizaron para obtenerlas. Un empleo o carrera es rentable si nos permite generar ingresos a cambio de una inversión razonable y sana de trabajo. Nuestra ocupación debe cumplir con varios requisitos, uno de ellos es que sea rentable. De no serlo, comenzaremos una larga lucha por subsistir que hasta puede apartarnos de nuestra verdadera vocación. La elección de empleo, empresa o carrera tiene que ser el camino que nos lleve a *hacer* lo que nos gusta, para *obtener* lo que siempre hemos deseado tener. Eso es rentabilidad.

Leí entonando de manera exagerada. La maestra Lola me dejó terminar la lectura, después con voz apacible remarcó:

—No pierdas de vista que el *análisis fundamental* habla de que tu ocupación debe tener diez características. ¡Diez! La rentabilidad es sólo una de ellas.

—¡Pues para mí es la más importante!

—Uziel, todo el mundo quiere más dinero, pero los recursos monetarios sólo le llegan a las personas fuertes. ¿Quieres generar riqueza en tu ocupación?, no busques dinero ¡mejor hazte fuerte!

Entrecerré los párpados en ademán desafiador. Lola me quitó el legajo para hojearlo. Ahora fue ella quien leyó en voz alta.

—La fortaleza es la virtud de la convicción, el compromiso y la acción. La fortaleza nos permite resistir y acometer. Los vicios que se oponen a la fortaleza son *el miedo, la indolencia y la comodidad.* El miedoso siempre quiere escapar. El indolente (in=no, dolente=dolor; el que no quiere sentir dolor), es frío, flojo, quejumbroso. El comodón (el que es amante de la comodidad), sólo piensa en su bienestar —cerró el material y lo acarició con un mohín de chocante misticismo—. Este concepto es oro puro —reiteró—. Uziel, espero que no te enojes por lo que voy a decirte. Muchos, como tú, comienzan la lectura de libros, se inscriben en cursos y participan en competencias, pero dejan todo a medias. Abandonan sin terminar ninguna meta. Son indolentes, miedosos y comodones. Eso genera pobreza. Si quieres ser fuerte, practica la autodisciplina. Aprende a decir «no» a los escapes y la comodidad. *No desistas. No te rindas. No sucumbas a la tentación. No renuncies a tus sueños…* Hoy en día muchos padres dicen a sus hijos a todo que *sí*. ¿El resultado? Los hijos se vuelven débiles. Antes de un maratón o triatlón, el competidor se prepara mentalmente para resistir, incluso para sufrir. Sabe que debe ser fuerte. Terminar la competencia es una prueba de fortaleza. Física y mental. La vida también: Terminar los ciclos es una práctica exclusiva de los fuertes. Nadie sale de una situación adversa, se recupera de una caída, acaba una carrera profesional o logra objetivos sublimes, siendo débil.

—Está bien, está bien —estallé con puerilismo trivial—, no acabo lo que empiezo y me gusta la comodidad. ¡Lo reconozco! —la reté—. Según usted, que sabe tanto, no tengo remedio ¿verdad? ¡Estoy destinado a ser pobre!

Detectó mi cinismo. Sabía que no la tomaría en serio. Aún así, quiso hacer un último intento. Esta vez cambió de tono y estrategia. Me relató un cuentito.

—En tiempo de luchas entre güelfos y gibelinos, un rey güelfo capturó a su adversario, le quitó su castillo y lo encerró en la torre más alta. Pasaron los meses. Al esclavo le creció el pelo. Se arrancó cientos de cabellos y los amarró. Luego tomó un papel sucio, escribió algo con un carbón. Lo ató a la hebra de cabellos y lo dejó caer al vacío. Hizo señas desde la ventana. Su esposa se acercó a la torre y vio el papel que decía *amarra un hilo*. Ella corrió a la casa, por un hilo de algodón que ató al cabello. Él lo jaló. Luego subió otro hilo más grueso cada vez, hasta que subió una soga. El esclavo escapó. Abajo lo esperaban sus amigos. Reorganizó el ejército, volvió por sorpresa y recuperó su reino. Uziel, compréndeme. Sólo se necesita una hebra de intención para amarrar de ella una cuerda de fortaleza. ¿Quieres ser fuerte? Empieza por lo simple. Termina ciclos sencillos. Ve menos televisión, prepárate más y quéjate menos. La fortaleza es un propósito que requiere ser decidido y una práctica que requiere ser ejercida. Hazte fuerte.

Soplé apretando los labios. El cabello de mi frente revoloteó unos segundos. Luego emití un breve mugido.

—Mmh.

—Uziel, así como la sociedad discrimina a los inestables, también discrimina a los débiles de carácter. Los margina. Los trata mal. ¡Les paga mal!

—A mí la sociedad no me hará eso.

—Ojalá —se puso de pie y me tendió la mano dibujando una hemisférica sonrisa—. ¿Nos vemos mañana en el seminario?

—Tal vez.

Salí corriendo. A las puertas de la universidad hallé un desvencijado taxi colectivo. Me subí. Si me daba prisa, podría comer con Lucy.

Llegué a las oficinas de la municipalidad y vi que mi novia aún trabajaba. La esperé en la puerta del corredor. Era una chica de cuerpo llamativo y mirada cálida. Años atrás se inscribió en un movimiento de política juvenil y cuando su partido ganó las elecciones locales fue empleada como secretaria en el Ayuntamiento de la ciudad. No contaba con oficina propia. Laboraba en uno de los viejos escritorios apretujados del pasillo principal por el que desfilaba mucha gente.

En pocos minutos observé cómo varios hombres le hicieron insinuaciones procaces. Ella ignoró a la mayoría, pero en uno de los casos siguió el juego. Devolvió la insinuación y ambos rieron. El sujeto se sentó sobre el escritorio de Lucy y coqueteó con ella.

—Oye ¿quién es ese tipo? —le pregunté a la primera secretaria del pasillo.

—Es nuestro jefe. Fugeiro.

Caminé despacio, sigiloso. Cuando mi novia me vio, tomó uno de los papeles sobre la mesa y fingió que discutía con su superior sobre el legajo.

—Buenas tardes —dije.

—Hola —respondió—, licenciado Fugeiro, le presento a Uziel.

El hombre me saludó, brincó al suelo y volvió a su despacho. Era el único que contaba con oficina.

Lucy seguía como turbada.

—¿Vamos a comer? —le pregunté.

—Sí. Vamos.

5
LAS PIERNAS DE LUCY
¿Trabajar o estudiar?

Caminamos hacia la fonda sin hablar. Nos sentamos.

—Estabas coqueteando con ese tipo. Lo vi. Ni siquiera me presentaste como «tu novio». Luego te comportaste como avergonzada. ¿Qué está pasando Lucy?

—Nada. Es mi jefe, no puedo ser grosera con él.

—Pues quiero que dejes de trabajar.

—¿Y quién me va a dar el dinero que necesito? ¿Tú?

—¡Claro!

—Uziel, yo te quiero mucho, pero ni siquiera has decidido qué carrera vas a estudiar. Te la has pasado saltando de rama en rama —rio—. Como mono...

Su chiste no me causó gracia. Lo encontré incluso ofensivo. Quise tragar saliva y no pude. Era lógico. ¿Con qué derecho podía exigirle que dejara de trabajar si yo estaba tan lejos de lograr el reto básico de cualquier hombre: generar recursos suficientes para brindar condiciones cómodas a sus seres queridos? Lucy tenía un pequeño auto propio y ayudaba a la economía de su casa, mientras que yo me transportaba en microbuses y no podía ni pagar la cuenta del restaurante. Frente a ella, era un paria.

—Te gusta trabajar aquí —le dije—, porque los hombres

te adulan, pero algún día, yo seré un profesionista y tú una desempleada inculta.

Me miró con asombro. Terminó la sopa en un minuto y el guisado en dos. Se puso de pie; dejó un billete sobre la mesa.

—Paga la cuenta y quédate con el cambio. Nos vemos.

—Espera —salí corriendo tras ella—. ¿Por qué me haces esto? ¡Por favor, no abuses de mí sólo porque tienes más dinero!

Se detuvo. La tomé de un hombro y la hice girar con suavidad. Su rostro parecía desencajado, dolido, a punto del llanto.

—¡Me faltaste al respeto!

—Perdóname. Estoy muy desesperado. Tú y yo estudiamos juntos en el bachillerato. Te diste de baja en el segundo año. Se suponía que deberíamos seguir juntos en la universidad, con carencias, sí, pero sintiéndonos orgullosos de ser jóvenes y de forjar nuestro futuro. Yo soy estudiante, no tengo nada que ofrecerte, y ahora me da rabia ver cómo te acechan otros hombres.

Lucy bajó la guardia. Quizá la hice recordar los tiempos en que, devastada porque su padre se fue con otra mujer y su madre se quedó sola a cargo de cuatro hijos ejerciendo un precario y exiguo oficio de costurera, decidió buscar empleo para ayudar a sufragar los gastos de su hogar.

—Los hombres son todos iguales. Mujeriegos, libidinosos, pero conmigo se topan con pared.

—¿Y tu jefe?

—Fui yo quien lo llamé. Supe que está contratando inspectores y le pedí una oportunidad de trabajo para «mi novio, Uziel». Él sabe quién eres. No guardo secretos. Me sentí avergonzada cuando llegaste de improviso porque estaba hablando de ti, abriéndote un camino laboral, sin consultarte.

Mis recientes celos parecieron un tonto despliegue de

machismo. Ella era una mujer buena. No merecía un energúmeno como yo. Entonces la abracé y se dejó abrazar.

Regresamos a la fonda. Nos sentamos de nuevo a tomar café y postre.

—Uziel, ¡ven a trabajar conmigo! Forjemos juntos el futuro del que hablaste, pero caminando en tierra firme.

—No lo sé... Mi padre no quiere que yo trabaje, me ha insistido en que, pase lo que pase, llegue a ser profesionista.

—¿Y para qué? La vida real está aquí. En las empresas públicas y privadas. ¡Haz tu carrera donde debes! Tienes veinte años. Si te aferras a la universidad, terminarás a los veinticuatro, luego te titularás y quizá querrás hacer un postgrado. A los veintisiete serás un erudito sin dinero, sin empleo y sin experiencia. Entonces entrarás como practicante ganando una miseria. No sé si podré seguirte pagando el taxi y la comida tanto tiempo.

—Eres cruel.

—Soy realista, amor. ¡Compra el periódico y lee los anuncios de trabajo! Se buscan jóvenes experimentados. Por eso hay que entrar al mundo laboral *cuanto antes*. Mírame. En tres años he pasado por varios puestos y he escalado en un sistema. A los veintisiete tendré nueve de experiencia y seré muy joven aún para ser promovida.

—Te desconozco, Lucy. Has cambiado.

—He madurado. ¿Sabes por qué? Porque salí del cascarón.

—Pero a la larga te faltará cultura —insistí con el argumento que tanto machacaba mi papá—. En la escuela enseñan cosas que tú nunca sabrás.

—¿Cosas? —se rio—. ¿Qué cosas? ¡Yo leo libros! Soy autodidacta. Sé lo que quiero y necesito saber. No pierdo el tiempo estudiando materias que no tienen aplicación. Lo que sirve se aprende en la jungla de la vida, no en las aulas.

Bajé la vista. Observé sus piernas desnudas. Usaba una falda muy corta.

—Pe… pero un título profesional respalda lo que… sa… sabes…

—¡Mi vida, despierta! La mayoría de los estudiantes pasan la escuela sin aprender, persiguiendo un papelito que sólo les infla el ego, pero con dinero podrías mandar a imprimir veinte títulos y enmarcarlos con polvo de oro, si eso es lo que tanto quieres. Sin dinero, en cambio, el diplomita no te servirá de nada. Amor, tú eres muy inteligente. Aterriza —tomó mi mano y la puso sobre una de sus piernas; mis instintos se erizaron—. A ver ¿por qué te cambiaste de ingeniería a leyes y ahora quieres probar en medicina? —se inclinó para hablarme de cerca—. Porque te desespera aprender conceptos inútiles y hacer trabajos con compañeros que sólo piensan en jugar. ¿Sí o no?

Asentí; me había convencido. Aproveché su cercanía para besarla. Era seductora. Mi mano quiso moverse por impulso propio y comenzó a rozarla con suavidad. Ella lo permitió. Los muslos de Lucy eran remarcables, largos, encarnados; sus gemelos finos y musculosos. Solía usar vestido o pantalones cortos. Para distraerla de mis caricias, pregunté.

—¿Me recomendaste con tu jefe?

—Sí. Ve mañana a la oficina. Te estará esperando.

Recordé al tipo con el que me entrevistaría y sentí otro calambre de celos.

—Lucy, tú eres muy hermosa. Cualquier hombre cerca de ti se quemaría. No dejes que ese sujeto se entusiasme contigo. ¡Ah! Y otra cosa. Usa pantalones largos de vez en cuando.

Tomó mi mano y la empujó al vacío.

Esa tarde decidí abandonar la escuela para entrar a trabajar, movido por el señuelo económico y por la ocasión de estar cerca de mi chica. ¡Cuánto me arrepentiría después de tal decisión! Lucy era una ciega guiando a otro ciego. Esgrimía argumentos parciales, incapaz de ver el panorama general de la vida.

Con la autoridad que me dan los años y los (demasiados) errores, puedo asegurar lo que entonces no pude entender: Según informes fehacientes, estudiar una carrera profesional durante cuatro años le permite al egresado duplicar sus ingresos por los siguientes cuarenta. «¿Trabajar o estudiar?», es en realidad un dilema monetario. ¿Qué conviene más? Veamos esta imagen de dos jóvenes que salen del bachillerato. «Estudioso» se inscribe en la carrera de administrador y «Chambeador» entra a trabajar en un puesto administrativo. Cinco años después, «Chambeador» ha logrado un empleo estable y un sueldo medio mientras «Estudioso» acaba de salir de la universidad, sin experiencia laboral alguna y entra (apenas) a trabajar a la misma empresa ganando muy poco. Un año más tarde, sin embargo, «Estudioso» ha empatado en puesto y sueldo a «Chambeador». Tres años después «Estudioso» se ha convertido en jefe de «Chambeador» y gana lo doble. La historia se repite una y otra con asombrosa exactitud. ¿La razón? Estudiar modifica los procesos mentales a largo plazo.

Un gimnasta puede dar giros, saltos, estiramientos, piruetas y cargar su propio cuerpo en verticales perfectas gracias a que ha pasado muchas horas entrenando. Lo mismo le sucede a la mente humana. Aunque algunas materias universitarias sean poco prácticas, forman parte de un adiestramiento que enseña al cerebro a razonar, resumir, abstraer, sintetizar, analizar, meditar, entender, crear, explicar, proponer y mucho más. No se estudia sólo para ganar un título sino para adiestrar la mente. A diario, trabajadores mayores son sustituidos por jóvenes mejor preparados. Aspirar a ser un dinosaurio con experiencia (sin estudios) nos condena a la extinción. Es doloroso, pero cierto. ¿Cuál es la diferencia entre un obrero y un ejecutivo? *Los estudios.* Pretender estudiar en casa y ser autodidacta es un propósito descabellado, sólo factible para intelectuales, investigadores, genios. Y aún ellos deben alimentarse de la cátedra de otros maestros. Hay que ir a las aulas. En algunos países es posible obtener títulos profesionales mediante exámenes rápidos hechos por el gobierno. Esta solución instantánea diseñada para adultos mayores está siendo usada abusivamente por jóvenes perezosos que quieren trabajar pronto. No sirve de nada. Se hacen tontos. Trabajar prematuramente, proporciona beneficios económicos rápidos, pero mete a la persona en una rutina que la condenará a estancarse. Sólo el conocimiento sirve para tomar decisiones cruciales. La ignorancia nos lleva al fracaso.

Aunque ahora comprendo todo esto, en aquel entonces tenía un velo en mi entendimiento. Lo que Lucy decía era ley para mí. Así que decidí abandonar la universidad para entrar a trabajar con ella.

Aquella tarde encontré a unos amigos con los que fui a jugar billar para celebrar mi decisión. Acompañamos la fiesta bebiendo abundante cantidad de alcohol.

Llegué a casa a las once de la noche.

Como estaba un poco ebrio, y lo sabía, no quería acercarme mucho a mi padre o abuelo. Ellos siempre veían el noticiero juntos a esa hora. Pasaría de largo y les daría las buenas noches desde lejos.

Me fue imposible llevar a cabo el plan.

Desde que abrí el cerrojo escuché los gritos y el llanto de mi hermana. Apresuré el paso. La televisión estaba apagada. Junto a ella, mi padre. De pie, al otro lado de la estancia, mi abuelo.

—Qué bueno que llegaste —me recibió papá—. Habla con Saira. Está como loca.

—¿Y cómo quieres que esté —chilló ella—, después de todo lo que me dijiste? Nadie me había lastimado así.

Quise intervenir poniéndome en el papel de réferi, pero mi mediación fue anodina.

—¿Qué sucedió aquí?

—Papá me dijo que soy un fraude como cantante y tengo cero talento.

—¿Eso dijiste? —reprobé—. ¡Muy mal!

—Yo dije que ya estoy cansado de verla jugar a ser artista. Ella es mi hija y aunque tenga veinticuatro años vive bajo mi techo. No voy a permitir que se siga exhibiendo en un bar.

Saira respondió mezclando con gemidos.

—¿Y por qué ahora te preocupas por lo que hago? Desde niña montaba coreografías y me presentaba en fiestas familiares bailando y cantando. ¡Aplaudías! ¡Te gustaba!

—Tú lo dijiste. ¡Eras una niña! Además esos circos los motivaba tu madre, que en paz descanse.

—Con mi madre no te metas. Cuando ella vivía, todo era muy distinto. ¡Me apoyaba! A ti jamás te he interesado. ¿Por qué ahora te pones en ese plan?

—Hace años tu idea de ser cantante parecía inocente... Hoy es peligrosa. Me han dicho que te subes a una tarima y bailas como *teibolera* en un antro de perdición para hombres.

—¡Pero qué estupidez! ¿Cómo crees? ¡Soy animadora de un karaoke bar! Nada que ver con lo que dices...

—¡Hija, abre los ojos! ¿Estás esperando que algún día llegue un famoso productor musical a escucharte y te contrate? Eso jamás pasará. Entiéndelo.

—¿Porque no tengo talento, como dices? Abuelo. ¿Verdad que sí lo dijo?

El abuelo, con un pie dentro de la estancia y otro afuera, parecía dispuesto a hacer sus maletas y salir por la ventana. Se reservó su opinión. Fue mi padre quien remató:

—Está bien, sí, lo dije, pero alguien debía hacerlo. ¡No eres buena cantante y te arriesgas demasiado saliendo a esta hora! Punto.

Mi hermana prorrumpió en un llanto estentóreo. Entre desgarrador y teatral. Los tres hombres nos miramos sin saber qué hacer.

—Uziel —dijo después con voz apenas audible—, defiéndeme.

Estaba acurrucada en el sillón de la sala; se le había corrido el rímel y tenía la cara manchada. Ataviada de forma llamativa, con un vestido corto rojo de satín, zapatillas de baile y una diadema amarilla, parecía la bailarina de una cajita de cuerda desvencijada.

—Bueno, Saira. En algunas cosas papá tiene razón. El mundo artístico es muy complicado y exigente. No te conviene.

—¿Pero canto bien o mal?

—Bien, bien. En las notas altas, desafinas a veces, pero todo se arreglaría si vocalizaras más.

—¿Qué?

—No, digo. Lo haces bastante bien, aunque, he visto a personas arrugar la nariz cuando se te va una nota, pero no hagas caso. Ya sabes cómo es la gente.

De forma repentina mi hermana cerró el grifo de sus lágrimas.

—Todos ustedes son unos idiotas.

—¡Di lo que quieras —insistió nuestro padre—, pero en este momento te quitas ese tutú, te pones un pijama y regresas a tu cuarto! No voy a permitir que sigas llegando a dormir a las cuatro de la mañana. Saira gruñó. Parecía como un animal herido que está a punto de huir o atacar. Optó por lo último. Se puso de pie y fue hasta mi padre para gritarle a la cara.

—Tú me fastidias porque eres un hombre frustrado. Un mugroso policía de crucero. ¡Un ignorante que nunca logró nada en la vida!

La bofetada que recibió mi hermana fue sólida e implacable. Abrió mucho los ojos y llorando corrió a su habitación para encerrarse dando un sonoro portazo.

6
LA OFERTA DEL DENTISTA
Apoyo y facilidades

En la sala quedamos mi padre, mi abuelo y yo. Estuvimos callados un largo tiempo. El desasosiego me había devuelto la sobriedad casi por completo. Quise aprovechar la trenza de la conversación anterior para exponer:

—Yo tampoco estoy seguro todavía de qué debo estudiar —como mi voz sonó aflautada, carraspeé—. De hecho quiero dejar pasar el semestre para pensarlo bien. Mientras tanto, voy a trabajar.

—¿A trabajar? —se burló mi papá—. ¿También de bailarín?

—No tendría nada de malo si eso me gustara. Fuiste muy duro con Saira. La heriste. Moral y físicamente.

Papá tenía formación militar. Era hosco y nervioso, pero sabía reconocer cuando se equivocaba.

—Tienes razón. Trataré de hablar con ella —y completó—. Otro día.

—¿Cómo empezó esta discusión?

El abuelo caminó despacio de vuelta a la estancia. Aclaró:

—Yo tuve la culpa. Cuando la vi lista para irse a trabajar, hablé con ella. Le expuse la posibilidad de heredarle mi clínica dental. La invité a estudiar la carrera de odontología.

—Ahora entiendo. Ya conozco esa cantaleta.

El abuelo se dejó caer en el sillón.

—Mis intenciones son buenas.

—Lo sé... —como no tenía la elocuencia requerida para rebatir, vociferé—, sin embargo, ni mi hermana ni yo queremos convertirnos en sacamuelas. ¡Está decidido!

Papá me fulminó con la mirada. Lo que dije fue un exceso. Lo entendí de inmediato.

—Perdóname, abuelo... no quise ofenderte.

El hombre asintió. Era todo un personaje. Cuando diez años atrás comenzó a desarrollar síntomas de artritis, a causa de su pulso tembloroso, cortó la encía de un paciente. Tuvo serios problemas que lo llevaron al fin de su carrera como dentista. Todos creímos que se retiraría y se resignaría a vivir de sus ahorros, pero hizo lo contrario. Compró el edificio en el que siempre tuvo su consultorio, invirtió todo lo que tenía en una clínica de especialidades odontológicas. Adquirió equipo computarizado, contrató médicos jóvenes muy capaces, les brindó el prestigio, la supervisión, la experiencia y la cartera de clientes de cuarenta años a cambio de la mitad de sus honorarios. A sus setenta, el abuelo era dueño de una empresa rampante que había crecido de forma notable.

Se dirigió a mí, de nuevo.

—Sería una lástima que todo lo que he construido se perdiera —como era aficionado a fumar pipa su voz sonaba excesivamente ronca, casi lúgubre. Esta vez cuidé mis modales.

—Pero tú quieres que Saira o yo seamos odontólogos y nosotros no estamos de acuerdo en ese tipo de imposiciones. ¡Cada persona es distinta y los adultos no deben forzar a los jóvenes a estudiar algo!

—No trato de forzar a nadie. Ni siquiera estoy sugiriendo que tú o Saira sean dentistas. Pueden ser mercadólogos, administradores, químicos, médicos, contadores, ¡no sé! Hay un sin fin de opciones que encajarían en mi clínica. Al final, terminarían siendo los dueños de la empresa. Yo podría estar pensando en venderla e irme de viaje alrededor del mundo con ese dinero, pero me interesan mis nietos. Le prometí a tu madre antes de que muriera, que hasta el último de mis días velaría por ustedes.

Pude percibir la tristeza en los ojos de papá. No era feliz de que su suegro estuviera ahí metido la mitad del tiempo. De hecho, se había mudado parcialmente con nosotros excusando que estaba muy solo en su lujoso departamento. Llegó a instalarse en el cuartito de servicio de nuestra casa, según él para acompañarnos y sentirse acompañado, pero no vendió ni rentó su vivienda. Así que tres días a la semana dormía con nosotros y el resto en su suite.

—Tu abuelo es un buen hombre —de eso no había duda, aunque también era raro—, escúchalo, hijo. Lo único que él quiere es que tú y Saira terminen una carrera, cualquiera que sea, y traten, si pueden, de aplicarla en su negocio. Lo que importa es que se titulen y no anden después penando por la vida como yo —a papá no se le daban los discursos; su especialidad eran las órdenes parcas y los cachiporrazos, pero aquella noche, quizá por la reciente riña con su primogénita, parecía inspirado—. He sufrido mucho porque no estudié. Cuando dos personas cultas hablan, yo no tengo nada que opinar. Cada vez que hay necesidad de decir algo frente a mucha gente tiemblo de miedo y prefiero esconderme. Tuve ofertas de trabajo interesantes y no cubrí el perfil.

El abuelo acomodó su boina inglesa y se recargó en el sillón. Habló fuerte y claro:

—Hoy en día hay tantos desempleados que los patrones se pueden dar el lujo de escoger; eligen siempre al mejor preparado. En ocasiones ni siquiera importa tanto que carrera profesional estudió el candidato, sino el hecho de que la haya concluido, esté titulado e incluso tenga una o más maestrías.

—¿Y qué me dices de las carreras técnicas? Son una solución digna para los jóvenes que les urge trabajar.

—Sin duda, las carreras técnicas cumplen un cometido, pero desde mi muy personal punto de vista deberían verse sólo como un medio, un escalón, una estación que dará respiro al estudiante para trabajar y seguir preparándose al mismo tiempo. ¡Ir a la universidad no debería ser optativo! Hoy es algo indispensable, irreemplazable, obligado. Progresar en el mundo resulta cada vez más difícil, incluso para los que son profesionistas universitarios, ¡mucho más para quienes no lo son!

Mi abuelo estaba seguro de lo que decía. Papá coincidía asintiendo. Yo no entendía ni contaba con el panorama general de la vida que ellos tenían.

—Sigo creyendo —dije sin pensarlo en realidad—, que obligar a un hijo o nieto a estudiar lo que no quiere, va en contra de los derechos humanos.

Mi última acotación despertó, ahora sí, vapores de ofensa en aquel hombre que se consideraba un filántropo.

—Aclaremos esto, hijo —aliñó su boina como hacía siempre que estaba a punto de dar unas palabras en público—. Cuando un adulto le sugiere a un joven que estudie determinada carrera, hay que analizar por qué lo hace. Hay dos posibles razones. La primera: El adulto tiene un deseo obsesivo y hasta enfermizo de proyectarse en el chico y ver en él sus propios sueños truncados hechos realidad; esto es infame; convierte a muchos jóvenes en sombras deprimentes de lo que sus padres quisieron ser y no pudieron. No es nuestro caso, Uziel. ¡Ni yo soy tonto, ni tú! Entiendo perfectamente que has entrado a la recta final de la dependencia, muy pronto dejarás esta casa y sólo tú serás delegado de la profesión que elijas. Pero analiza la segunda posible razón. El familiar adulto de un joven puede recomendarle estudiar determinada carrera porque quiere favorecerlo heredándole sus relaciones, amistades, puertas abiertas o negocios funcionando. En este caso, el muchacho está en posibilidades (no en la obligación) de recibir un beneficio que lo impulsará desde el inicio de su desarrollo profesional. La ayuda garantizada siempre es digna de tomarse en cuenta. Esto no es inmoral o inapropiado. Los apoyos son recursos materiales y humanos que favorecen la realización de un proyecto. Las facilidades son condiciones que simplifican o allanan el camino para lograr una meta. Revisa el grado de apoyo que tendrías tanto al estudiar en una determinada área como al ejercer. A veces (no siempre) el apoyo económico o humano puede hacer mucha diferencia en tu proyección profesional.

—Eres muy insistente —me quejé—, pero no me convences. El que de verdad quiere estudiar para paleontólogo del desierto, por ejemplo, lo hará con o sin apoyo.

—¡Lo dudo! —respondió disfrutando el debate—. ¿Qué es más fácil? ¿Estudiar en una universidad gratuita ubicada a la vuelta de tu casa a la que puedes ir caminando, o hacerlo en otra carísima ubicada a diez mil kilómetros de distancia en un país cuyo idioma no hablas? ¿Qué es preferible? ¿Terminar una carrera que puedes aplicar de inmediato en un prospero negocio familiar, o terminar otra que sólo podrás ejercer en las dunas de Namibia, donde, además, no hay quien te contrate? Hijo, identifica tus facilidades y apoyos. Al menos tómalos en cuenta. ¿Sabes cómo se hace eso? Pregúntate: *¿quién soy, dónde vivo, cuál es mi cultura, nacionalidad, historia, familia?*

—Ajá. Y eso me lleva de nuevo a tu clínica odontológica. ¡No, gracias, abuelo!

Así terminó la charla de aquella noche. Ni él logró convencerme, ni yo quise prestarle atención. Nos metimos cada uno a su recámara. A los pocos minutos escuché el pestillo de la puerta vecina. Era mi hermana que estaba a punto de salir a la calle, a escondidas. Traía puesto un abrigo largo y se había maquillado de forma excesiva, quizá para ocultar los estragos de su reciente llanto. Me interpuse en su camino.

—Voy con una amiga —aclaró—, no le digas a papá.

Estaba fuera de sí. Deseosa de vengarse mediante una acción de franca rebeldía e incitar así en mi padre el sinsabor del arrepentimiento. Sus movimientos arrebatados denunciaron el firme propósito de resarcirse.

—No salgas *así*.

—¡Quítate de mi camino! —dijo con muecas agresivas y voz susurrante. El bisbiseo expresivo la obligó a exhalar fuerte. Noté un olor etílico en su aliento.

—¿Tomaste alcohol? ¿En tu cuarto? ¿A escondidas? Qué vergüenza...

Mi recriminación fue hipócrita, porque horas antes yo mismo me había excedido en copas jugando billar con mis amigos.

—Soy mayor que tú —corrigió—. Mayor de edad. No voy a darte cuentas.

Di un paso atrás y la dejé pasar luchando contra la tentación de sujetarla por el brazo. Afuera estaba esperándola un auto compacto. Salí tras ella. Mi corazón latía aprisa. La sombra de un mal presagio oscureció mi razón. Hice el último intento:

—Hermana. Por favor. Ten cuidado.

—Yo no soy tu hermana. Tú eres hijo de una sirvienta. Te lo puedo demostrar cuando quieras.

—No digas tonterías. Estás enojada porque no te apoyé.

—Nada de eso. Te estoy diciendo la verdad. Así que quítate y no vuelvas a decirme «hermana».

Salió de la casa. Subió al coche. Al hacerlo, un listón del vestido rojo de satín asomó por los pliegues de su abrigo. Lo adiviné. Se dirigía al bar, donde trabajaba como mesera y cantaba para animar a los clientes a usar el karaoke. Descubrirla vestida para tal efecto calmó mi ansiedad, pero volví a intranquilizarme al confirmar que aquella noche sus intenciones no eran rutinarias. Tenía su expresión grabada en mi mente. Rostro desarticulado, ojos anormalmente engrandecidos, mejillas irritadas.

Decidí avisarle a mi padre.

7
EL TATUAJE DE PAUL
Discriminación al débil

Entré a la habitación de papá. Dormía boca abajo roncando. Lo moví para despertarlo. No se inmutó. Volví a empujarlo. Produjo un gruñido caricaturesco, como si se ahogara; giró la cabeza y recomenzó su concierto de jadeos con nuevo ritmo y tono.

—¡Papá! Sé que te levantas de madrugada, pero necesitas estar enterado...

Nada.

—No va a despertarse hasta dentro de seis horas —la voz ronca del abuelo me hizo saltar—, ni aunque le pase un tren encima. Tomó una fuerte dosis de *Rivotril*.

—Vaya.

—Tu hermana se fue ¿verdad?

—¿La viste?

—Sí.

—Iba furiosa.

—Ya se le pasará.

—Tengo un mal presentimiento, abuelo. Préstame dinero para un taxi. Voy a seguirla.

—De ninguna forma. Es mi nieta. También me preocupa. Vamos.

El abuelo tenía una camioneta último modelo. La manejaba poco porque un chofer lo llevaba siempre a trabajar. Era excéntrico. Yo había visitado muy pocas veces su penthouse, pero recordaba una pulcritud y elegancia exageradas. Desde que mi madre (su hija) murió, comenzó a ayudarnos con dinero apenas suficiente para sufragar nuestras más urgentes exigencias. Por otra parte, en su departamento impecable y poco usado, tenía incluso servidumbre.

—¿Cuándo vas a comprarme un auto, abuelo? —le pregunté mientras íbamos en camino.

—Ya lo sabes. Hice la misma promesa a tu hermana. Les obsequiaré uno cuando me entreguen su título profesional.

Moví la cabeza, fastidiado. No me sentía animoso de refutar otra vez el mismo canon. Sólo me burlé con voz gangosa.

—Y si es de odontólogo, mejor.

Continuamos el resto del trayecto en silencio. Llegamos al karaoke bar.

—Espérame aquí.

Apenas bajé del auto se acrecentó mi sospecha de que algo malo podía suceder. Entré al antro. Casi lleno. Poca luz, pequeñas mesas altas con bancos de aluminio. Música moderna a volumen intenso pero digerible. Al fondo, dos pequeñas tarimas pintarrajeadas a propósito con grafitos que intentaban simular escenarios callejeros. Pantallas colgantes. Meseras jóvenes, voluptuosas, con vestidos amarillos, cortos y brillantes. Ninguno rojo, como el de Saira. Si mi hermana formaba parte de ese grupo laboral, por alguna extraña razón se le permitía usar indumentaria de otro color, tal como estilaban los porteros en el fútbol.

Me sentí enfadado conmigo por ser esa la primera vez que me paraba ahí. Años atrás, aplaudí las actuaciones de mi hermana, fui su ayudante, amigo y fan. Saira tenía razón. Perdió el apoyo de su familia desde que mamá murió.

De forma súbita el volumen de la música aumentó. Notas marciales, casi circenses. Saira apareció en escena. Llevaba puesto el abrigo largo con el que salió de casa. Por micrófono invitó a la concurrencia a disfrutar la noche; ¿se tambaleaba?, ¿su voz era inestable? Comenzó a cantar. Si otrora, poniendo atención había sido factible notar desafinaciones en sus entonaciones, esta vez hasta los neófitos pudieron escucharlas sin esfuerzo. Saira estaba borracha. Se quitó el abrigo y lo hizo girar sobre su cabeza como aspa de helicóptero. Su vestidito rojo satinado pareció más pequeño de lo que era. El repentino despojo del abrigo hizo creer a la concurrencia que estaba a punto de iniciar un *striptease* no anunciado. Saira lanzó el abrigo y siguió cantando, pero esta vez acompañó sus compases con meneos voluptuosos. Empezó a desabrocharse las mangas de su diminuto atuendo. Me adelanté movido por asombro y coraje. Las contorsiones de mi hermana estaban lejos de parecer un desnudismo espontáneo. Eran planeadas, practicadas. Sus mangas volaron. Un asistente las recogió del suelo. Saira cantó y bailó ante la mirada entusiasmada de la concurrencia. Algo discordaba. Ese sitio no aparentaba ser un antro de perdición para hombres, como dogmatizó mi padre, porque cerca de la mitad de los clientes eran mujeres. La música continuó. Al poco tiempo, Saira se despojó por completo de su vestidito quedando ataviada con una suerte de short y sostén semideportivos bordados de pedrería brillante. Eso era todo. No se desvestiría más. De cualquier manera, mi hermana era muy atractiva, rubia, de formas generosas, con el esteriotipo de las bellas porristas del futbol americano profesional. Siguió cantando, pero las notas comprometidas persistían en salir de su garganta notoriamente destempladas. Sus pasos de jazz continuaban pareciendo traspiés descoordinados. Alguien le gritó que mejor acabara de desvestirse. La moción fue aprobada por un coro de borrachos. Hombres y mujeres. Saira los ignoró.

Pensé. Las personas como los negocios evolucionan, ese lugar tarde o temprano se convertiría en burdel y mi hermana en bailarina exótica si no escapaba a tiempo.

Cuando terminó la canción, subí a la tarima. Le sorprendió verme.

—¿Qué haces aquí, Uziel? —se hizo a un lado.

—¡Vine por ti! Acompáñame a la casa. Papá tenía razón. Este no es un lugar seguro y tú te ves muy mal haciendo lo que haces. También estás cantando pésimo. ¡Tomaste demasiado! Si te interesa un pelo tu prestigio, hazme caso. ¡Vamos!

—¿Y a ti qué te importa mi prestigio? —escupió—. He trabajado en este bar cinco meses y no habías venido a verme.

El asistente que recogió la ropa voladora llegó hasta nosotros y tapó a Saira con el abrigo de forma cariñosa. Era un hombre distinguido. Más que guardia de seguridad, parecía encargado administrativo; su único rasgo de extravagancia era un tatuaje en el antebrazo. De reojo me pareció el grabado de una enorme águila.

Ella se dejó abrazar por él.

—¿Algún problema?

La pregunta fue dirigida a mí.

—No —contesté—. Ella es mi hermana y necesito llevármela.

Saira negó con la cabeza. Dio unos pasos para levantar un vaso de cristal que estaba en el suelo y bebió su contenido. Cerró los ojos como quien está a punto de desvanecerse por una intoxicación alcohólica.

—Uziel no es mi hermano —dijo apenas—, ¿acaso nos parecemos? Ha vivido en mi casa muchos años, pero en realidad es el hijo de una sirvienta que tuvimos. Su madre se fue y lo abandonó.

—Cállate, Saira. Acompáñame.

—¡No me toques! —y se refugió en su asistente—. Paul, ¿me ayudas?

El tal Paul estiró su musculoso brazo tatuado y lo puso sobre mi pecho con la rapidez de un *jab* boxístico. Retrocedí. Otra chica subió al escenario e invitó a los asistentes a participar. La fiesta se reanimó. Alguien nos empujó tras bambalinas.

—Ven conmigo, hermana —insistí.

—No soy tu hermana. ¡Uziel, entiéndelo de una vez! Tu madre te dejó en la lavandería. Yo tenía cuatro años de edad, pero me acuerdo. Les diste mucha lástima a mis papás cuando te encontraron. No tienes mi sangre ni mi genética. Mírate y mírame. Además eres débil, miedoso, mientras que yo tengo valor y estoy decidida a triunfar; cuando me propongo algo, lo logro. Voy a llegar a ser artista, ya verás. Tú en cambio jamás terminas lo que empiezas. Te falta carácter y valor. Eres el rey de la actitud negativa. Indeciso, perezoso, inseguro.Lucy me platicó cómo la celas y le exiges que te dé dinero hasta para comer. Machito de pacotilla. No trabajas ni estudias. Cambiaste dos veces de carrera no porque te disgustara el plan de materias, como dijiste, sino porque buscas excusas para no ser nadie. En tu subconsciente sabes que eso es lo que eres. Un don nadie. ¡Hijo de la sirvienta!

La arenga de Saira había sido copiosa, fluida, no exenta de las variaciones propias de una persona ebria, pero cargada de convicción. Borracha o no, ella creía a rajatabla cada palabra.

Me sentí débil, como si un fantasma me hubiese succionado toda la energía. Recargado en la pared fui bajando despacio hasta quedar en el suelo. En efecto, yo tenía un genotipo distinto al de toda mi familia. Aunque era delgado y no mal parecido, mi piel era muy morena, lampiña; cabello ondulado, y nariz achatada, mientras Saira, mi padre y abuelo eran de complexión robusta, lacios, narigones, piel fina, rojiza y velluda.

Encadenado por grilletes de inseguridad y dolor no pude moverme por un largo lapso. ¿Mi padre no era mi padre? ¿Mi abuelo era un ajeno?

Esa noche llegué a un precipicio psicológico del que me fue muy difícil salir después. Y es que para planear un futuro se requiere valor y fortaleza. Atributos que perdí, si acaso tuve algo de ellos, por completo aquella noche.

Acurrucado sobre mi cuerpo tras el escenario del karaoke me sentí indigno de vivir, sin raíces, sin pasado, sin futuro, sin fuerzas para luchar.

Mi mente trastornada recuperó frases hirientes que usé para torturarme. «No tienes mi sangre ni mi genética». «Muchos, como tú, dejan todo a medias». «Indolente, miedoso, comodón». «Machito, de pacotilla». «No trabajas ni estudias. Eres un don nadie. ¡Hijo de la sirvienta!». «La sociedad discrimina a los inestables y a los débiles de carácter: los margina, ¡los trata mal!».

La última aserción me laceró como un latigazo sobre piel desnuda. Era cierto. Aún después de tanto supuesto progreso humano, muchos siguen mostrando crueldad hacia los frágiles; quieren eliminarlos como hace una manada de animales salvajes con los cachorros enfermos. Hasta niños de primaria se regodean escarneciendo al que falla. Ser *indeciso, inseguro, inculto, enfermo o pobre,* nos coloca en un terreno de discriminación social. ¡En la medida de lo posible debemos salir de ahí! ¡Esforzarnos por ser *fuertes, decididos, seguros, cultos, sanos y prósperos*! Estudiar nos brinda esa oportunidad.

Alguien me tomó del brazo para ayudarme a ponerme de pie.

—Abuelo... ¿escuchaste lo que Saira me dijo?

—Sí. Todo.

Mi hermana seguía bebiendo. No parecía en condiciones de volver a cantar, aunque sus amigos y jefes se lo pidieron. Después de hacer el ridículo un par de veces más, salió del recinto con varias personas. La seguimos. Estaba subiéndose al *Kia* verde que la recogió en la casa, conducido por Paul, el tipo del tatuaje. Dos parejas se apretujaron en el asiento de atrás. Saqué fuerzas de flaqueza y me acerqué.

—Saira. No sé si eres mi hermana o no, pero te quiero. Crecí contigo. Hazme caso. Ven. Todos estos tipos están borrachos. Pueden tener un accidente.

Paul rodeó el auto y se puso frente a mí. Esta vez no usó un *jab* para mantenerme a distancia, sino un *crochet* directo a mi esternón, dos *swings* a las costillas y un *hook* que me derribó. Vi estrellitas. Saira tuvo un destello de conciencia; al verme en el suelo, quiso bajar del coche para ayudarme, pero tropezó y comenzó a vomitar. El forzudo la condujo de nuevo al auto. Encendió el motor. Puso música a todo volumen, abrió el quemacocos y arrancó haciendo patinar las llantas.

Por segunda vez en esa noche el abuelo me ayudó a levantarme. Había permanecido como testigo mudo del peor drama de mi vida.

—Súbete al coche, hijo.

—No. Déjame en paz. Lárgate.

—¿Qué te pasa?

—No me digas hijo. Ni siquiera somos parientes. Necesito caminar.

—La casa está muy lejos. Son las dos de la mañana.

—¡Déjame!

Hacía frío y una fina, casi imperceptible llovizna matizaba las calles con un brillo invernal. Necesitaba pensar, estar conmigo mismo. Aunque nos hallábamos en el extremo opuesto de la pequeña ciudad turística, caminando, quizá llegaría a mi casa antes de que amaneciera. Comencé la travesía con pasos lentos. Por unos minutos el abuelo me siguió en su auto, pero al fin dio la vuelta por la vía rápida y aceleró alejándose de mí.

Durante la mayor parte del trayecto, lloré.

8
EL TUFO DE LAS RATAS
Llamado

El hipo me despertó, pero al volver pesadamente a la vigilia percibí que un dolor sordo en la cara me arrastraba hacia la verdadera pesadilla de mi vida.

—¡Abre los ojos, lampiño! Ya terminó la cirugía.

Sentí las cachetadas del anestesista, mis párpados pesaban como si fueran de plomo.

—¿Me escuchas?

Quise decir que sí. Sólo produje un gemido pastoso.

—Ya está consciente —anunció el doctor—. Me voy. Denle tres horas en la sala de recuperación. Luego regrésenlo a las celdas.

—Por lo que sé —contestó una voz lejana—, a éste le toca ir a la Z. S. Casi mata a un compañero.

—Sí, sí, pero en la zona de control están todos los internos hacinados. De ser posible dejen a éste solo por un tiempo. Si le rompen la cara otra vez, no volveré a repararlo.

Voces y pisadas se fueron alejando. Aproveché para medir la posibilidad de huir. De inmediato percibí que mi pierna derecha estaba encadenada a la pata de la camilla.

—No, Dios mío. ¡No! —Esta vez mis palabras sonaron mejor articuladas.

Con profunda pena quise volver a dormir, regresar en sueños al pasado, que aunque también ingrato, era al menos soportable. Lo conseguí a intervalos.

Mi padre estaba despierto cuando llegué a la casa. Era de madrugada. Acababa de ducharse. Entré a su recámara.

—¿Ya se te pasó el efecto del somnífero?

—¿Por qué preguntas eso? ¿De dónde vienes? Estás empapado.

—Anoche quise despertarte para decirte que Saira había salido de la casa, enojada y borracha. Me dijo cosas. Explícame, papá. ¿Es cierto que mi madre biológica me abandonó? ¿Por qué nunca me dijeron que soy adoptado?

—¿De dónde sacaste esas ideas?

—Ya te dije. Saira me explicó. ¡No lo niegues porque es verdad! ¿Te acostaste con la sirvienta?

—Jamás. Siempre le fui fiel a tu madre.

—Sólo dime una cosa ¿soy tu hijo?

Su silencio fue suficiente para confirmar mis temores.

—¿Entonces, si no soy tu hijo, por qué durante dos años me obligaste a llorar en la tumba de tu esposa cada fin de semana? ¿Por qué me golpeabas cuando hacía travesuras? ¿Por qué ahora me exiges que estudie una carrera? ¿Quién eres para mandarme?

—Uziel. La mujer que te dio a luz desapareció. A ella no le importó que pudieras morir. Yo te eduqué, proveí para tus necesidades. Eres mi hijo. Te di amor.

—¿Cuál amor? Es fácil decirlo. Nunca me has abrazado, jamás me has dado un beso. Claro, eres muy frío porque estuviste en el ejército y ahí te disciplinaron a golpes. Abandonaste la carrera militar, entraste a la policía y has sido un agente de tránsito por años. Tuviste cien altibajos. Nunca te ha gustado tu trabajo y has desquitado tu frustración lastimando a tu familia.

Sobre todo desde que tu esposa falleció. Dices que detestas la mentira, pero me mentiste. Saira tiene razón. No es mi hermana. Mi abuelo tampoco es mi abuelo. No tengo familia.

—¡Ea, ea! ¡Espera! He estado contigo en las buenas y en las malas. Siempre lo estaré. Eso cuenta ¿no?

Alguien movió mi camilla. Entre sueños miré las paredes del sanatorio carcelario. Si mi padre dijo la verdad debía estar conmigo ahí. Vislumbré borrosamente alrededor. No estaba.

«Mentiroso», balbucí. Cerré los ojos y volví al pasado.

Aquella mañana, salió a trabajar como siempre muy temprano y como siempre me prometió que hablaríamos después. Me quedé solo en la casa. Sonó el teléfono. Era el abuelo quien esa noche se había ido a dormir a su departamento. Parecía preocupadísimo por Saira. Le informé que no había llegado.

—Debe estar con sus amigotes —dije casi a gritos—. La muy tonta olvidó su celular. ¡Abuelo, nuestra familia es un caos! Mi padre jamás me ha querido. No sé para qué me adoptó. Mi hermana es una arpía. No la soporto ni ella me soporta a mí. Entre nosotros no hay amor. No existe nada.

—Estás hablando sin pensar, Uziel.

—Es nuestra costumbre.

Las tres horas en la sala de recuperación, volaron. Mareado y con nauseas por la anestesia, fui obligado a ponerme de pie para caminar hacia las celdas. Lo hice deteniéndome de las paredes. Tenía un vendaje sobre la nariz que abarcaba hasta mis pómulos. Respiraba por la boca.

—¡Camina, valentón!

El custodio que me condujo a la Z. C., informó al encargado las recomendaciones del médico respecto a que me convenía estar solo, pero el jefe lanzó una befa y manifestó maldiciendo que en esa porqueriza de malhechores no existían suites privadas y que más me valía recuperarme rápido o acabaría hecho pomada.

Dada mi condición, procuraron al menos conseguirme una cama. En la Z. C. los pocos colchones eran mucho más cotizados. Obligaron a un reo a ceder el suyo. Lo hizo de momento pero detecté su rabia contenida. En cuanto el custodio se fue, me bajé al suelo sin decir palabra y el antiguo propietario del camastro saltó sobre él.

Una puerta de acero macizo delimitaba el vestíbulo alrededor del cual se alineaban cuartuchos fuertemente embarrotados. Había cámaras de vigilancia por doquier. Mientras en las celdas normales sólo se nos encerraba por las noches y durante el día se nos permitía salir a las áreas comunes, al pueblito, como le llamábamos (patios, canchas, talleres, aulas, tiendita, biblioteca, baños, gimnasio, comedor), en las celdas de castigo se nos obligaba a permanecer encerrados veinticuatro horas con ocho o diez maleantes más, sin suficiente alimento ni líquidos. En la esquina del cuartucho había un excusado sin agua en el que hacíamos nuestras necesidades a la vista de todos. Los deshechos se desbordaban y la hediondez del rincón colmaba el ambiente al grado en que el olfato nunca se acostumbraba. Abundaban las moscas y cucarachas.

La Z.C. del penal era el peor suelo que pies humanos pudieran pisar. Algunas de las celdas, selladas con soldadura para que los presos quedaran encerrados durante meses, sólo podían abrirse cortando el metal con esmeriles y otras herramientas desde el exterior.

A la zona de control, por sus siglas los internos le decían *zona de caos* (la maestra Lola me había dicho: «si sigues, negligente, dando tumbos, tu vida llegará a un estado de caos»). Era un edificio apartado en el que había cientos de presos al borde de la locura.

—¿Qué sigue después de aquí? —le pregunté a un compañero que se pasaba la mayor parte del tiempo parado en una esquina cuidándose las espaldas.

—El Ceferepsi —contestó sin mirarme a la cara, siempre vigilante de su alrededor—. *Centro federal de rehabilitación psiquiátrica.* Manicomio de criminales. Algunos cabrones se hacen los locos para que los lleven ahí, pero les va peor. Cuando regresan, si regresan, quedan imbéciles para siempre. Otros acaban en el panteón.

La información fue sucinta y suficiente. No pregunté más. Esa noche, por desgracia, el hombre de la esquina pasó a formar parte de uno de los dos grupos a los que se refirió. Alguien lo acuchilló. Su cadáver estuvo tendido en nuestra celda durante horas, antes de que se lo llevaran. En la Z. C. había uno o dos asesinados cada semana. A las autoridades no les importaba; lo propiciaban incluso. Les convenía que nos matáramos.

A Dragón Cancún lo pusieron en mi celda. Dada las circunstancias procuré ignorarlo, bajar la vista sumiso cada vez que me topaba con él y permitir que me humillara de vez en cuando. Pero cierto día las cosas se complicaron. Ingresó a Z. C. uno de sus amigos. Se juntaron para charlar y reír. Esa noche Dragón Cancún protagonizó una parodia imitando a un policía de tránsito que daba el paso en el crucero. Tardé en comprender. Al fin supuse.

—¡Leyeron mis cartas, desgraciados!

Siguió actuando.

Echó una manta sobre su cabeza, se puso de rodillas juntando las manos y habló con gesticulaciones femeninas.

—Diosito santo, soy una monjita cubana, embarazada. Me gusta acostarme con todos los hombres. El último fue un albañil. Perdóname porque lo disfruté mucho, pero no te preocupes, pienso tirar al niño a la basura.

Cegado por la rabia, mi visión se nubló y estuve a punto de saltar sobre el tipo, pero recordé al hombre de la esquina y sus referencias sobre el panteón o el Ceferepsi. Además, si Dragón y su amigo habían tenido acceso a mis apuntes, también habrían robado mi dinero y traerían consigo sendos fierros. Todo era posible con billetes.

Profundamente resentido me limité a esperar. Como parecí doblegado, por un tiempo me dejaron en paz. Pero esas celdas aglutinaban a lo peor de la sociedad carcelaria; por las noches se oían golpes, violaciones, quejidos. Estaba en el punto más crítico de mi vida, no podía darme el lujo de distraerme. Debía tomar una decisión crucial. Luchar por mi vida o resignarme a morir. Tuve que caer tan bajo para comprender conceptos que siempre tomé a la ligera. Hoy, se me pone la piel de gallina y me da vergüenza pormenorizar algunos datos. Soy un distinguido profesor y este ejercicio de descubrir el velo de mi pasado personal que casi nadie conoce puede mermar mi prestigio, lo sé, pero redacto confesiones como un regalo a mis alumnos. Quizá algunos sepan valorarlo. Deseo convencer a los más sensibles de lo importante que es tomar decisiones oportunas. Me prometí que si la vida volvía a darme otra oportunidad, no me equivocaría otra vez.

Por las noches escapaba con la imaginación. Mi sitio favorito era la universidad. Me visualizaba de pie en la explanada, contemplando aquella escultura, réplica del Pensador de Rondín, oyendo el sonido de una fuente cercana y sintiendo en el rostro un viento que hacía ondear la bandera a toda asta. Contemplaba las aulas. Me enfocaba pertinaz en la imagen de una hermosa chica con cuadernos bajo el brazo, preocupada por su siguiente examen. Imaginaba a jóvenes estudiando en la biblioteca, sonrientes y bromistas, sin dinero, compartiendo entre todos una bolsita de papas, entregados a la única idea que les ocupaba: Terminar su carrera...

Una noche, en medio de aquel ejercicio mental, percibí que el desagradabilísimo olor circundante se acercaba a mi olfato. Era como si se hubiesen intensificado los aromas del retrete. Entonces sentí la mordida en la oreja. Fue pequeña, tímida, pero no por eso menos cortante y dolorosa. Una horrible rata del tamaño de un gato, olfateaba en mi cabeza. Las ratas de las celdas de castigo eran gordas, desvergonzadas, agresivas. Como se abrían paso en las cañerías taponadas, siempre despedían una fetidez atroz. Para evitar en lo posible la desagradable y riesgosísima experiencia de ser mordidos por una, nos acostábamos con la cabeza hundida entre los brazos, pero aquella noche, motivado por mis visualizaciones universitarias, bajé la guardia. De un manotazo arrojé al roedor a la pared; chilló y corrió sobre otros internos que a su vez lo azuzaron.

He tenido en mi vida pocas sensaciones de asco y repudio tan intensas como aquella. Fue justo ahí cuando pensé que si salía vivo y sano, algún día escribiría un libro. También percibí la certeza de un llamado interno a trabajar con jóvenes en el futuro.

Hoy comprendo que *el llamado interno* es básico para decidir qué trabajo u ocupación elegir.

Se le dice «llamado» a la inspiración más profunda que mueve a una persona para actuar en un área en la que se siente con responsabilidad y deseos de servir. Proviene de nuestras experiencias, de lo que hemos sufrido y aprendido.

No existen dos seres humanos con pasados iguales. Aún quienes crecieron en un mismo hogar, los hermanos, por ejemplo, fueron tratados de distinta forma y tuvieron lecciones únicas. Nuestra unicidad nos da sentido de misión; despierta en nosotros un llamado interno a actuar a favor de ciertas causas o a desarrollarnos en determinadas áreas.

¿Quién soy?, es la pregunta más ancestral de la filosofía. Puedo comenzar contestando con mi nombre y apellido, ahí hay datos vinculados a mi nacionalidad, familia y pasado. Después puedo enumerar mis cualidades físicas y mentales; recordar cómo resolví problemas del ayer; hacer memoria de buenos momentos y escenarios de felicidad. Evocar también mis mayores temores y repugnancias. Todo eso me ayudará a comprender que quien soy ahora, seré mañana (exactamente), pero en versión mejorada. No me sirve de nada tratar de ser lo que no soy. Es preferible perfeccionarme, y esto sucederá sólo si actúo conforme a la misión para la que nací. Hay una. ¿Cuál es mi mayor inquietud? ¿Por qué causa me gustaría vivir y aún morir? Mi llamado puede alojarse en el arte, el diseño, las leyes, la medicina, la creación técnica o cualquier otra ocupación. Lo importante es no traicionarme.

Fue en las celdas de Z.C., insisto, donde supe con toda certeza que sería profesor universitario. Sin importar la carrera que estudiara, me daría tiempo también para impartir clases a jóvenes. Mi llamado se reafirmó de manera contundente otra noche en la que un muchacho de diecinueve años perdió la razón. Víctima de un ataque neurológico comenzó a correr en círculos y a estrellarse contra las paredes. Tenía los ojos saltones y daba gritos frenéticos. Para nuestra sorpresa, en medio de sus convulsiones arrebatadas metió la cabeza al retrete de excrementos, luego siguió dando alaridos y se azotó contra el piso. Todos nos pegamos a las paredes tratando de esquivarlo. Sus gritos fueron tan estridentes y dramáticos, que los custodios llegaron de inmediato. Al principio, desconfiados, creían que se trataba de un teatro para obligarlos a abrir, pero después de unos minutos supieron que el hombre no estaba fingiendo. Alguien dijo: «¡Tiene rabia!».

Por instinto llevé una mano a mi oreja mordida reciente-mente por la rata. ¿Cuántos de nosotros podíamos haber ad-quirido ese virus?

Tomaron la decisión de darle un balazo al muchacho, quien ya agonizaba, para detener su sufrimiento y controlar el caos de la celda. Luego llegó un ejército de policías armados. Nos saca-ron del cuarto infectado y nos distribuyeron en otros. Para mi fortuna, me separaron de Dragón Cancún.

Al día siguiente, el director del penal dio la orden de que toda la población de Z.C., fuera vacunada contra la rabia. Sólo tomaron esa medida. A las ratas las dejaron en paz.

9
EL LLANTO DEL HOMBRE NIÑO
Orgullo y mérito

Estaba agotado. La caminata desde el karaoke bar me había robado hasta la última gota de energía física, y el tormento de saberme rechazado por la que siempre consideré mi hermana, me despojó también de la escasa energía moral que me quedaba. Fui a la recámara y así, vestido, como estaba, con la ropa mojada, me introduje entre las sábanas. Perdí conciencia de la realidad. Ni siquiera tuve pesadillas. Cuando la luz del sol me dio en la cara, advertí que eran las dos de la tarde. Me puse en pie, amodorrado. Caminé al baño y luego a la habitación de Saira, anhelante de encontrarla. El cuarto de mi hermana estaba intacto. La colcha estirada. No había llegado.

Volví a la cama y me tiré de bruces. Estuve revolcándome en las cobijas, rumiando con amargura la forma en que todos alrededor guardaron el secreto de mi adopción. ¿Cuántas personas se habrían burlado a murmullos de mi candidez? ¿Tíos, primos amigos de la familia? ¿Quiénes conocerían la verdad de mi procedencia? ¿Por qué tuve que enterarme de ella gracias a la intoxicación y a la cólera de una persona a quien yo quería tanto?

Como no conciliaba el sueño, pensé en tomar la benzodiacepina que mi padre guardaba tras el espejo de su baño, pero tuve pereza incluso de pararme a buscarla. Acurrucado en esa cama me dejé embargar por la tristeza extrema.

Escuché ruidos. Alguien llegó a la casa. ¿Saira? Los pasos eran lentos y se arrastraban sobre el parquet de la sala. Miré el reloj. Cuatro de la tarde. La casa era muy chica y los muros huecos dejaban oír todo lo que sucedía en ella. Era el abuelo. Se paseó por la cocina, luego encendió la cafetera y se sentó a esperar hasta que el agua hirvió. Se sirvió una taza de café y lo tomó despacio. Giré el cuerpo. Mi cama emitió su habitual rechinido. Permanecí inmóvil, fingí que dormía. El abuelo entró a mi cuarto sin tocar. No respetó mi supuesto descanso. Me movió.

—Uziel. Quiero hablar contigo.

—¿Qué pasa?

—Ven. Se trata de tu hermana.

Salió del cuarto. Una andanada de emociones intensas me hizo saltar. Fui tras él. Se había vuelto a sentar en la silla de la cocina ciñendo con ambas manos su taza de café. Me senté frente a él.

—Los amigos de Saira tuvieron un accidente.

—¡Lo sabía!

—Pero ese no es el problema.

—¿Saira está grave?

—No lo sé... Nadie la encuentra.

—¿Cómo?

—Anoche tú y tu hermana hicieron demasiadas locuras. Al menos tú llegaste a dormir. Ella no. Así que esta mañana volví a investigar. Fue difícil. El antro estaba cerrado. Un vecino me dio pistas. Por la colonia había rumores de que el hijo del dueño del bar se había matado en la carretera. Fui a la estación de policía. Ahí me notificaron. En efecto hubo un terrible accidente. Según las autoridades, el *Kia* verde chocó; en él iban sólo cinco personas, tres murieron, incluyendo a Paul, el chofer. Las otras dos, se encuentran graves, pero Saira no estaba con ellos. Tu hermana ha desaparecido.

—¿Cómo? A ver. ¿Dices que iban cinco? Pero nosotros contamos seis. Cuatro atrás y dos adelante. ¿Te acuerdas?

—Este es el parte policiaco. Me dieron una copia.

Lo tomé sin leerlo.

—¿Qué dice?

—Que Saira no iba en ese auto...

—¿Se bajó antes del accidente?

—Nadie sabe.

—¿Cómo chocaron?

—De frente contra un autobús en la carretera libre a Valle Alto.

—¿Mi padre está enterado?

—Por supuesto. Hace todo lo posible por localizar a Saira. Me pidió que volviera a la casa a avisarte.

—¿Qué hacemos? —me paré catapultado por una descarga de energía repentina—. ¿A dónde vamos?

—Hay mucha gente movilizándose allá afuera. Esperemos aquí.

—Mmh.

—¿Estás enfermo, Uziel?

—No.

—¿Por qué seguías acostado a las cuatro de la tarde?

—No sé. Flojera, tal vez.

—¿Te gustaría que habláramos de *eso*?

—¿De qué?

—De tu adopción.

—Saira ya me dijo todo lo que necesitaba saber. Soy un don nadie, tengo genética de perdedor. Estoy destinado a fracasar. Mi madre quiso matarme. Fui rescatado de la basura por pura caridad.

—No. Quita todo eso de tu cabeza. Tus verdaderos padres son quienes te han criado y protegido toda la vida. ¡Y lo han hecho muy bien!

—¿Muy bien? Depende de qué parámetros uses para calificarlos. Te voy a dar los míos. Mi papá siempre me despreció. Hasta la fecha no he conseguido agradarle. Cuando iba en la primaria a veces hacía la tarea conmigo, pero me gritaba mucho y me golpeaba en la cabeza. Yo no podía ni pensar estando frente a él. Por cada operación matemática que hacía mal, me ponía diez más como castigo. Siempre vociferando. Cuando me veía temblar gritaba «sea hombrecito». Sus gritos eran aterradores para mí. Se me olvidaban hasta las tablas de multiplicar. Él entonces se reía. Su esposa a la que yo llamaba *mamá*, nunca me defendió. Creo que incluso gozaba al verme humillado. Ella sólo cuidaba de Saira, la niña prodigio, artista. A mamá le dio cáncer y tuvo fuertes dolores. Yo tenía diez años; si hacía ruido, jugando, papá llegaba, furioso y me daba cintarazos porque mamá estaba enferma y a mí no me importaba, según él. Cuando ella murió, no lloré lo suficiente, al menos eso dijo mi papá, así que al llegar del sepelio me dio una paliza para que, ahora sí, llorara como era debido. Meses después, llegaste a vivir con nosotros, abuelo, y las cosas se calmaron, pero yo crecí con miedo. Soy inseguro. Por eso ni siquiera sé lo que debo estudiar. Pienso dejar la escuela para entrar a trabajar. Ya te lo dije ayer, pero ahora estoy más convencido. Por lo menos así tendré dinero y ya no viviré a expensas de nadie.

Terminé mi explicación a duras penas, con enunciados intermitentes, haciendo esfuerzos por no quebrarme.

—No sabía nada de esto —señaló el abuelo con tristeza en los ojos—, pero debes superarlo, Uziel. Ya eres un hombre.

Al oír esa palabra un estremecimiento me hizo encogerme. Yo parecía un hombre, pero en realidad era un niño. Mejor decir, un hombre niño. Dentro de mí había un pequeño que no quiso madurar y un adulto que necesitaba sanar su corazón. Lo que anhelaba no eran más regaños, sino simplemente un abrazo y una mirada sincera de alguien que pudiera decirme «te quiero de verdad». Comencé a llorar.

—¿Qué tienes? Tranquilízate.

Me tapé la cara con ambas manos y sollocé doblando las piernas y encorvando mi espalda en posición fetal. El abuelo no se acercó. Me dejó desahogarme. Después de un rato comentó:

—Me preocupas…Uziel. Dijiste «soy inseguro, un don nadie, tengo genética de perdedor, estoy destinado a fracasar, mi madre quiso matarme». Lo que estás pensando y diciendo son semillas de ruina. Te preparan para la desgracia. Debes desecharlas antes de que germinen.

—¿Cómo? Uno es lo que es.

—No. Uno es lo que *piensa* que es. Si hay algo en tus antecesores que te daña renuncia a ello. Enorgullécete de ti.

—¡Aquí el único orgulloso de sí mismo eres tú, abuelo!

Era cierto. En el fondo, mi hermana se avergonzaba de haber querido ser artista sin lograrlo jamás, mi padre se avergonzaba de haber sido militar, desertor por cierto, para entrar después a la policía y darse cuenta de que el gremio tenía pésima reputación… Todos, menos el abuelo, nos sentíamos indignos, sin mérito.

Mi último comentario lo llevó a hablarme de la importancia de sentirme orgulloso. Quizá usó esa excusa para salirse por la tangente al verme sollozando sin control. Entre lágrimas lo escuché, pero no le entendí. Hizo mucho énfasis en lo feliz que estaba de ser odontólogo a pesar de que la profesión no era la más prestigiosa dentro de la escala médica. Sacó a colación sus diplomas y logros. En el fondo le agradecí que dejara enfriar mis emociones hirvientes. Muchos años después, tomando frases desconectadas que sobrevivieron en mis recuerdos, pude hilvanar parte de lo que debió decirme. La otra parte, la he deducido y la enseño a mis alumnos de *Planeación profesional.*

Nos convertimos en parte de la carrera que estudiamos y esa profesión se vuelve nuestro escudo y símbolo. Cuando Luis Pérez se titula como ingeniero, deja de ser Luis y se vuelve el Ingeniero Pérez; así es nombrado por todos; así dice su tarjeta de presentación. No podemos ni debemos avergonzarnos de nuestro nombre y apellido. Tampoco de nuestra especialidad. Por eso es bueno elegir una de la cual podamos sentirnos orgullosos. Pero es prudente tener cuidado: las falsas apariencias en este aspecto son trampa mortal para quienes quieren elegir. Hay estereotipos populares que se vuelven verdaderos espejismos. Muchos jóvenes estudian una carrera sólo porque tiene fama de prosperidad y prestigio, para terminar decepcionados de ella... No todo lo que brilla es oro, ni todo lo socialmente aceptado nos conviene. Insistir en amoldarnos a opiniones extrínsecas puede convertirnos en profesionistas mediocres, hundidos en lo que tanto intentábamos evitar: el fracaso... Por ejemplo, los arquetipos dicen que la medicina, la ingeniería o el derecho tienen buena fama. Se piensa en un doctor como en alguien con un estatus elevado, mientras que un sociólogo posee una reputación muy inferior en la escala profesional. Las carreras científicas y técnicas gozan de más prestigio que las humanísticas, y eso es un elemento contra el que precisa luchar un joven «humanístico». El fenómeno ocurre también en sentido opuesto. Alguien puede ser apto para estudiar leyes, pero si siente desagrado por esa carrera debido a que cree que los abogados tienen mala fama, tal vez pierda la oportunidad de realizarse en algo que encaja a la perfección con él, pero que rechaza a causa de ideas superficiales y ajenas a la carrera misma.

Lo importante es comprender que «orgullo y mérito» no dependen de lo que otros piensen, sino de lo que nosotros declaramos. ¡No nos sentimos orgullosos de nuestro aspecto físico o de nuestro apellido porque la gente diga que son excelentes, sino porque nosotros los hacemos excelentes!

Con triste frecuencia un estudiante que escoge la carrera de filosofía, por ejemplo, aprende (se lo dicen), que si desea seguir adelante debe resignarse a trabajar de otra cosa, porque su carrera no le dará para vivir. Eso lo hace sentir, hasta cierto punto avergonzado de su decisión. Pero es un grave error. En primer lugar, si el joven tiene las aptitudes necesarias para ser filósofo, posee mayores oportunidades de destacar en esa profesión que en cualquier otra. En segundo lugar, el campo de trabajo es muy amplio para aquellos que se preparan bien. Un excelente filósofo tiene la posibilidad de convertirse en un gran maestro o investigador, también puede ser analista de filosofía política o social en los medios de comunicación e incluso escritor. Cada profesión tiene una gran variedad de campos de trabajo. Cuando nos sentimos orgullosos de lo que somos, podemos aplicar mejor nuestra creatividad, respaldarla con conocimientos, y hasta ser pioneros abriendo nuevos campos de trabajo para nuestra área.

Cuando mi abuelo terminó su soliloquio descontextualizado, yo ya me había repuesto un poco. Estaba más sereno. Trataba de escucharlo.

Alguien abrió la puerta de la casa.

—¿Papá? ¿Encontraste a Saira?

Se veía agotado.

—No —pero un cierto vaho de esperanza ahumaba su mirada—, sin embargo me acaban de avisar que una de sus compañeras recuperó la conciencia. ¡Quizá nos dejen hablar con ella! Vine por ti, suegro. Para que me acompañes a entrevistarla; dos cabezas piensan más que una.

—No —dijo mi abuelo con aire misterioso—. Yo pienso ir a otro lugar. Ve con tu hijo a entrevistar a esa chica. Uziel vio de cerca a todos los jóvenes de ese auto y podrá opinar mejor que yo.

—Pero tú eres adulto. ¡Tienes más criterio que Uziel! La cosa es muy seria.

—¡Que te acompañe él!

Papá resopló. No le quedó más remedio. Salimos y nos dirigimos al hospital.

10
LOS COLMILLOS DE ROSA
Necesidad de mis servicios

El único hospital público de la ciudad estaba, como siempre, atiborrado. Las ambulancias llegaban y se iban, los médicos recibían nuevos pacientes en camillas rodantes y corrían con ellos. Familiares ojerosos deambulaban por los pasillos, incrédulos por algún inesperado accidente y encrespados por sus impredecibles consecuencias.

Fuimos eximidos de hacer antesala. Agradecí a las circunstancias. No hubiera podido sentarme junto a mi padre a charlar. Incluso en el auto, él encendió la radio a todo volumen y yo le di la espalda para mirar por la ventana opuesta.

—Pasen —nos dijo el médico de guardia—. La señorita Rosa aceptó hablar con ustedes. Pero está muy débil. No la presionen.

Seguimos al doctor por corredores límpidos que emitían un fuerte aroma antiséptico. Subimos al elevador.

Rosa estaba sentada sobre una cama que había sido plegada en forma de sillón. Tenía el pelo grasoso adherido al cráneo, como quien ha dormido por horas, el tronco vendado, los ojos amoratados y la cara asimétrica levantada por el efecto de un collarín rígido. Junto a ella, dos adultos serios (después nos enteramos que eran sus padres).

—Hola —dijo la chica—. ¿Ustedes son familiares de Saira?

—Sí —me apresuré—. ¿Dónde está?

—Tomen asiento —nos invitó el hombre junto a la cama—, Rosita nos estaba platicando lo que sucedió. Cariño ¿quieres volver a empezar?

—¡Pero no te esfuerces! —acotó la mujer—. Ni te angusties.

Mi padre y yo nos sentamos despacio en dos sillas vacías que parecían haber sido puestas para nosotros. Rosa recomenzó su relato. Como hizo gesticulaciones más abiertas, dejó al descubierto una de las secuelas más aparatosas del accidente que sufrió. Perdió los dientes delanteros. Incisivos centrales y laterales. Sólo le quedaban los caninos. Me hizo recordar a esos simpáticos niños que están mudando su dentadura primaria, a quienes les sobresalen los colmillos. Casi no hizo pausas al hablar. Como si quisiera deshacerse de una carga a toda prisa.

—Habíamos tomado demasiado. Pero Paul dijo, «los voy a llevar a un hotelito campirano para que la sigamos». Le contestamos «está bien». Paul era el hijo del dueño del bar. Un chavo alto con brazos tatuados. Novio de Saira. Paul murió. Eso me dijeron. Qué terrible. De hecho no sé cómo es que yo, caramba, todavía estoy viva —Rosa se detuvo un segundo y trató de llevarse la mano a la cara, pero la manguerilla del suero se lo impidió.

—Tranquila, hija. Si quieres, luego nos platicas.

—De una vez. Tengo que echarlo fuera.

—Adelante.

—Nos detuvimos en una tienda a comprar cervezas. Pusimos la música a todo volumen y nos lanzamos a la carretera. Íbamos riendo. Cantando. Saira sacaba la cabeza por el quemacocos y Paul aprovechaba para acariciarle las piernas con una mano. Manejaba con la otra, pero le costaba trabajo mantener el volante firme. La carretera era de doble sentido, había muchas curvas y zanjas. Saira bailaba. Yo me puse de pie y la acompañé; saqué la cabeza por el capote. En el carrito traíamos nuestra fiesta. Pero comenzó a llover. Las luces de los autos nos deslumbraban. Un camionero se dejó venir contra nosotros y Paul se descontroló. Dio un volantazo. Chocamos con la barda de contención. Estuvimos a punto de volcarnos. Paul aceleró a tiempo. El coche se enderezó. Fue el primer aviso. Saira y yo regresamos a los asientos. Estábamos asustadas. Paul frenó. Saira se bajó del coche y comenzó a decir «eres un imbécil, casi nos matas, yo me voy caminando», pero Paul le contestó «perdóname, no vuelve a suceder». Ella regresó, le dio un golpe en el hombro con la botella de cerveza y el contenido se le volcó. Paul dijo «maldición». Todos reímos. Paul aceleró otra vez. Saira estaba como ida. Volvió a ponerse de pie sacando medio cuerpo por la capota y derramó, a propósito, lo poco que quedaba de cerveza en la cabeza de Paul. Él dijo «ya déjame en paz» y ella contestó «pues fíjate cómo manejas». Paul le pellizcó una pierna. Perdonen que lo platique con todo detalle, pero es la verdad. Ella lo pateó. Les dijimos «esténse quietos, es peligroso». Entonces yo me estiré para bajarle el volumen a la música. Dije «ya Saira, métete, porque nos estamos mojando con la lluvia». Paul opinó «déjala, que haga lo que quiera, es bailarina». Volvió a subir el volumen. Entonces sonó el celular de Paul. Lo buscó. Su coordinación era torpe. El teléfono se le cayó cerca de los pedales. Seguía sonando. Se agachó para recuperarlo. Miró la pantallita. Dijo «en la madre, es mi papá, de seguro ya le fueron con el chisme de que dejé el negocio solo». Fue lo último que habló antes del accidente. Nos habíamos salido del carril. La luz del autobús estaba en frente de nosotros. Paul dio un volantazo horrible. Nuestro coche giró en la curva. Se oyó un grito muy feo no sé si de Saira. Como que todo se puso en cámara lenta. Escuché el ruido de los metales aplastándose y los vidrios estallando en mil pedazos. De ahí no recuerdo nada más. Sólo de pensar en lo que pasó, siento ganas de salir corriendo —cerró los ojos—. Ya mejor no quiero acordarme de nada.

Tanto la locuacidad de Rosa como su repentina decisión de desconectarse no parecieron normales. Me enteré después que al volver en sí, su cerebro comenzó a trabajar con rachas de alto voltaje intermitentes. Incluso por primera vez tuvo ataques epilépticos que la acompañarían por el resto de su vida.

—Rosa —quise corroborar—, antes de que te duermas, ¿estás segura de que Saira iba con ustedes cuando pasó el accidente?

El asentimiento de su cabeza fue apenas notorio. El collarín le estorbaba.

—¿Y dónde está?

No quiso decir más. Quedó con la boca abierta como quien tiene la nariz tapada. Se le veían las puntas de los colmillos. Parecía una vampiresa a punto de echarse a dormir huyendo de las primeras luces del alba. Sus padres nos miraron con lástima. Aunque con varias costillas fracturadas y sin incisivos, ellos tenían a su hija viva.

—Acompáñenme —nos pidió un hombre que había estado en el umbral de la puerta. Era policía.

—No entiendo —dije en cuanto salimos del cuarto—. Los jóvenes chocaron con un autobús de pasajeros. Tres de los cinco, fallecieron. ¿Y la sexta persona? ¿Dónde está?

—No había ninguna sexta —aseguró el policía mientras caminábamos rumbo a la salida—. El testimonio de Rosa es inconsistente. Por ejemplo, dice que llevaban la música a todo volumen, pero el coche no tenía aparato de sonido. Para mí que Saira nunca subió a ese auto. Recen porque así sea.

—¡Pero yo la vi! —aseguré—. Claro que subió. También el abuelo la vio. Iba en el asiento delantero.

—Pues ella no estaba en el sitio del accidente. Ya revisamos las inmediaciones.

Papá y yo salimos del hospital como caminando en un piso flotante. Olvidamos nuestras diferencias y comenzamos a intercambiar ideas.

—¿Tú qué opinas?

—¿Rosa dijo que antes del choque, Paul dio un volantazo horrible y el carro giró. A lo mejor en ese momento Saira salió disparada por la capota abierta.

—Pero ya oíste al policía. Inspeccionaron el sitio y no encontraron nada...

—¿Por qué no vamos nosotros?

Camino al punto del accidente me di cuenta de cuán caótico era mi universo. A donde volteara había destrucción. La sociedad estaba en decadencia y su ruina arrastraba consigo a mi familia. Encontré una nueva razón para estudiar: saber muchas cosas que me permitieran *huir* del caos, apartarme de la gente, construir una muralla que me separara de los demás. Imaginé saliendo del lodo y alejándome de quienes me lastimaron, viviendo para mí mismo. Pero aún en esos sueños de escape estaba equivocado. No entendía que el anhelo de encumbrarme por encima de la gente, le quitaría todo el sentido a mi labor. En realidad estudiamos para trabajar y trabajamos para dar algo a los demás. Los principales beneficiados de nuestro trabajo son otras personas. De hecho mientras más necesidad tenga el mundo de nuestros servicios, mejores profesionistas seremos. Por muy confundidos que nos sintamos, como yo me sentía aquella tarde, conviene elegir una ocupación que nos ofrezca oportunidades de ejercer. Pensemos en nosotros actuando a favor de otros, y soñemos a miles de personas haciendo largas filas para pagarnos dinero a cambio de lo que podemos darles. Es bueno mirar alrededor, desarrollar una aguda capacidad de observación y decidir en dónde podrá haber más oportunidades de empleo o negocios. Elijamos una profesión con alto grado de necesidad social.

Mi padre y yo no hablamos mientras íbamos camino al lugar del accidente. Al fin llegamos a una curva comprometida de la carretera.

—Aquí fue.

Tuvimos que dejar nuestro auto en la recta siguiente para evitar propiciar otra desgracia. Aunque estaba oscureciendo, todavía pudimos distinguir las marcas del reciente choque sobre el pavimento. Las inmediaciones estaban llenas de vidrios y piezas sueltas. Deambulamos por el acotamiento, arriesgándonos a ser atropellados por algún despistado. No nos importó. Sin hablar, exploramos los matorrales adyacentes en busca de indicios de Saira que a la vez queríamos y no queríamos encontrar. A los pocos minutos se hizo de noche. Las luces de los vehículos eran, en efecto, deslumbrantes. Después de casi una hora, regresamos al auto, desanimados, agotados.

Antes de que mi padre echara a andar el motor, lo vi contraerse como si tuviese un cólico.

—¿Estás bien?

—No.

Le toqué el antebrazo con timidez tratando de hacer contacto con él. Se erizó como lo haría un gato silvestre. Me miró. Su rostro parecía más arrugado y ojeroso que de costumbre. Ambos estábamos sufriendo por el mismo motivo. Juntos en el pesar, como suelen estarlo padres e hijos, quizá podríamos llegar a comunicarnos. Lo intenté.

—¿Te puedo preguntar algo?

—Eh.

No sé por qué formulé ese cuestionamiento, pero cuando me di cuenta ya era tarde para omitirlo:

—¿Tú me quieres, aunque no sea tu hijo verdadero?

—Ahora lo que importa es Saira.

Insistí:

—¿Por qué nunca me has hecho un elogio ni me has dicho una frase cariñosa? ¿Por qué siempre la que importa es Saira?

Arrancó el coche y comentó:

—Tú necesitas un psicólogo.

Fue la última vez que reclamé su afecto.

11
LA MORDIDA DE FUGEIRO
Ética profesional

Dejé la universidad e ingresé como inspector de obras públicas a la Municipalidad del pueblo. Mi trabajo consistía en vigilar las calles buscando construcciones en proceso.

Un amigo gay de Lucy, que llevaba ya varios años de inspector, a quien llamaban Chiquito, me explicó:

—Fíjate bien, compañero. Nosotros estamos facultados para medir, fotografiar, revisar planos, peritajes, instalaciones, uso del suelo, impacto ambiental, límites de altura, linderos, vialidades, cajones de estacionamiento, anuencia de colonos. ¡Son tantas cosas que siempre podemos pillar a los propietarios en alguna irregularidad! Entonces los «amarramos».

—¿Cómo?

Rio. Hizo un quiebre sutil y se enderezó de inmediato. Chiquito hablaba con excesiva formalidad. Sólo cuando estaba nervioso denotaba amaneramiento.

—Amarrar significa colocar sellos de suspensión o clausura. Hacer imposible la regularización. Dar largas hasta que los parroquianos pierdan sus cabales.

—¿Para qué?

—Cállate y aprende.

Chiquito se ofreció a enseñarme, poniéndose de ejemplo. Le encantaba lucirse, como lo haría un actor de teatro barato.

Lo observé actuar varias veces. Siempre usaba el mismo método. Insinuaba amenazas y después dejaba entrever una posibilidad de arreglo. Cuando le ofrecían dinero, no importa cuánto fuera, se burlaba, soltaba una carcajada y decía que era muy poco; hasta se mostraba ofendido y fingía que se retiraba. El propietario de la construcción suplicaba ayuda y Chiquito aumentaba la suma de cinco a diez veces. Se mostraba amigable, pero enérgico. Con su método conseguía jugosos resultados. Después, yo lo felicitaba y él se ponía feliz; una vez incluso me abrazó y me dio un beso en la mejilla. Tenía sus mañas. Desde entonces me volví un poco más parco. Pero necesitaba capacitarme. Todos los compañeros de trabajo me habían excluido, y Chiquito, rechazado también, me había adoptado.

En pocos días aprendí que sin importar la calidad moral del ciudadano, casi ninguno se preocupaba realmente por estar legal, más bien todos se preparaban para sobornar a la autoridad y la autoridad tenía un engranaje de trámites tan trabado y oxidado que sólo podía moverse con el lubricante del soborno. Eso sí, los peces gordos se atendían en las oficinas. Más de una vez vi entrar a empresarios cargando portafolios llenos de billetes para entrevistarse con el Dire Fugeiro quien minutos después tomaba el botín y lo llevaba a la oficina de su superior donde varios funcionarios de corbata llegaban voraces a repartírselo.

Cuanto describo sucedió hace años; refiere a otros inspectores y autoridades distintas a las que están hoy en el poder. No dudo que en algunos casos se sigan realizando las vergonzosas prácticas de aquellos antecesores, pero también debo decir, pues lo he comprobado, que así como existen funcionarios corruptos, hay otros honrados, luchadores valientes, deseosos de hacer cambios reales. En el tema de los trabajadores de gobierno no podemos generalizar (ni en ningún otro). La honestidad o deshonor no dependen de partidos políticos o localidades (estaríamos generalizando otra vez), sino de personas. Sin embargo, en aquellos tiempos y en esa ciudad específica, el oficio de inspector era tan lucrativo que comenzó a generar recursos en mi haber. La sensación de holgura económica oscureció, debo admitirlo, las luces de mi integridad. En pocos días me había llenado los bolsillos de billetes, fui al tianguis de imitaciones y me compré ropa con bordados falsos de marcas finas y perfumes piratas. También adquirí mi primer celular. Cuando comía con Lucy yo pagaba la cuenta y cada semana le llevaba regalitos que Chiquito me ayudaba a escoger. Mi novia los recibía complacida. Estaba alegre de haberme ayudado a salir de paria.

No tenía la menor conciencia de que la estructura que mantiene erguida a cualquier sociedad se llama *ética profesional*. «Normas y principios de conducta que marcan límites de acción para garantizar que los profesionistas actúen de forma correcta, de acuerdo a los propósitos de su trabajo». Por ejemplo. La ética profesional en la política, previene a un candidato para que no reciba dinero a cambio de favores futuros. En el periodismo previene a un reportero para que no reciba dinero a cambio de publicar una noticia tendenciosa a favor o en contra de alguien. En los negocios previene a los vendedores para que no hagan operaciones por fuera de la empresa para la que trabajan. En el comercio previene a los minoristas para que no lleven doble contabilidad u omitan ingresos con el afán de evadir al fisco.

La ética profesional condena, casi siempre, conductas inapropiadas que tienen que ver con *dinero*. No sólo han existido funcionarios públicos que fracturan su ética; abundan también empresarios, dirigentes sindicales, banqueros, inversionistas, comerciantes, corredores de bolsa... De entre los más elegantes y distinguidos profesionistas han surgido los peores estafadores.

Los medios de comunicación nos han hecho creer que valemos por lo que tenemos. Si manejamos un buen auto o usamos ropa de marca, merecemos el amor de mujeres hermosas y el aplauso de las masas, sin importar el origen de nuestra fortuna. Por eso la ética profesional está tan olvidada y la sociedad se está desmoronando. Es legítimo querer ganar dinero. Incluso está bien aspirar a ganar *mucho* dinero, pero siempre, y eso es lo difícil, dentro de los límites marcados por la ética profesional. La mayoría de los jóvenes dicen: «Yo quiero estudiar algo remunerativo; necesito tener dinero, dinero. ¿Esta carrera cuánto me reportará? No. Es poco. Escogeré otra. Quiero ganar más», pero ignoran, con frecuencia que su dignidad y felicidad son invendibles e impagables, que jamás deben prostituirse cambiando sus valores y virtudes por dinero. Yo lo hice.

Una tarde llegué a buscar a Lucy para nuestro habitual almuerzo que orgullosamente yo pagaría. No la encontré en su mesa. Le pregunté a Gertrudis, su vecina de escritorio dónde estaba mi novia; Gertrudis se encogió de hombros y movió la cabeza, convulsiva, como alegre de conocer información que no estuviera dispuesta a revelar. Volteé para todos lados. Al fin la hallé.

Lucy venía saliendo de la oficina directiva. Sus movimientos eran rápidos, precipitados. En cuanto me vio, corrió a mis brazos buscando protección, pero luego se soltó y agachó la cara, avergonzada.

—¿Qué te pasa, cariño?

—Nada.

Tenía las mejillas carmesíes, la blusa fajada hacia el costado derecho de su cintura, como si alguien hubiese forcejeado con ella para quitársela.

—¡Dime la verdad! —exigí.

Se negó. Tomó asiento y detecté en su hombro derecho una marca ovalada que amenazaba con volverse moretón. En el contorno de la huella, la sutil y menguante marca de unos dientes.

Mi entendimiento se enceguació. Fui directo a la oficina del Dire. Estaba cerrada. Toqué, con los nudillos. Nadie abrió. Insistí enardecido. Creí que el sinvergüenza apertrechado detrás del cerrojo nunca se atrevería a dar la cara, pero me equivoqué. La puerta se abrió con brusquedad y un hombre adusto, alto, amenazador, vestido con gabardina a la usanza de los nazis del *tercer reich*, se paró frente a mí.

—¿Se te ofrece algo? —su voz era de hielo.

—Sí... no —dudé.

—Querías derribar la puerta. Tendrás una explicación.

—Mi novia. Lucy. Yo... la vi salir de aquí hace unos minutos. Estaba nerviosa. Como si usted la hubiese molestado —omití los detalles de la mordida.

—¡Lucy! —gritó con la arrogancia de un marqués que le habla a su servidumbre—. ¡Ven acá, por favor!

Mi chica apareció rauda, doblándose los dedos.

—¿Sí?

—Este muchachito dice que yo te estaba hostigando. ¿Qué le pasa al imbécil? ¡Explícale!

—Uziel, el señor Fugeiro es un caballero. Me llamó la atención porque cometí errores al archivar documentos importantes. Eso fue todo —las palabras de Lucy sonaron francas, sin el menor indicio de mentira—. Malinterpretaste las cosas; me viste preocupada porque no me gusta fallar. ¡Discúlpate!

Me negué a hacerlo. Miré al Dire de frente y él sostuvo el envite. Percibí en sus ojos un breve fulgor de cinismo.

Comprendí que ese hombre era más ruin de lo que yo había pensado; asediaba a mi chica, participaba en marrullerías ingentes y estaba dispuesto a perjudicar a cualquiera que le estorbase. Supe todo en un instante y él se dio cuenta que lo supe. A partir de ese momento, de forma tácita nos declaramos la guerra.

A sus espaldas había una fotografía del presidente local. Sobre una hornacina interior iluminada, el retrato de su esposa e hijos. Cuan viperina esencia podía ocultarse en sus formas de nobleza.

—Perdone —apremió Lucy—, le pido una disculpa en nombre de Uziel. Él ha estado muy nervioso. Su hermana desapareció ¿sabe? Tiene muchos problemas.

—¿Y está en condiciones de trabajar aquí? Tal vez debemos mandarlo a descansar hasta que se reponga.

—Estará bien, se lo prometo. ¿Uziel?

Apreté la mandíbula y caminé hacia atrás sin dejar de mirar a mi nuevo adversario. Lucy me jaló del brazo. Cuando llegamos a su escritorio, reclamó:

—¿Qué te pasa? Ese hombre se está posicionando políticamente y cada vez tiene más poder. Puede aplastarnos con un dedo.

—¿Por eso dejas que te muerda?

—¿Qué? No digas estupideces.

Intenté señalarle el hombro, pero ella se hizo a un lado con hosquedad.

Gertrudis nos miraba de reojo.

12
EL AROMA DEL RECTOR
Causas del subdesarrollo

Chiquito y yo solíamos escondernos afuera de las distribuidoras de materiales para construcción y seguíamos a los camiones cargados de grava, cemento o varilla. Siempre nos llevaban a un constructor. Aquel día, el materialista nos condujo hasta mi antigua universidad. ¡Estaban remodelando algunas aulas! Buscamos al responsable de los trabajos. Muy a mi pesar, llegamos hasta la oficina del mismísimo rector.

—Somos del departamento de obras públicas —me anuncié con su secretaria—. Venimos a suspender las labores de construcción que están haciendo en el edificio sur.

La asistente no tuvo que anunciarle a su jefe nuestra presencia. De alguna forma, él escuchó, (después me di cuenta que podía ver la recepción y otras áreas de la escuela a través de cámaras conectadas a un monitor). Salió a recibirnos.

—Pasen por favor.

Su despacho era amplio y provenzal. Tapizado con madera color caoba. De inmediato detecté un aroma a cítricos y especias, demasiado suave para provenir de incienso, y muy intenso para tratarse de una loción personal. Chiquito y yo le explicamos el porqué de la visita. Pidió ver nuestras credenciales. Se las mostramos. Guardé la respiración unos segundos. Exhalé cuando comprobé con alivio que no me había reconocido.

—Muéstrenos los papeles de su remodelación —exigió Chiquito—, y comenzó a recitar la lista.

El rector enseñó varios documentos, pero no todos. Mi compañero se comportó excesivamente puntilloso. Yo me limité a cruzarme de brazos y a mover la cabeza como diciendo «¡qué mal, muy mal!». Chiquito me dejó dar la última estocada. Usando mi autoridad señalé los papeles faltantes y enumeré las multas a las que la universidad se haría merecedora. El rector no lo podía creer. Dijo como pensando en voz alta:

—Esto es una exageración. Sólo estamos pintando y resanando salones deteriorados. Lo hacemos cada año. Es por el bien de los estudiantes. Vamos a la mitad del proceso. Permítanos terminar.

Interpreté su solicitud como la puerta de una negociación. Me apresuré a insinuarle que debía darnos dinero a cambio de que nos hiciéramos de la vista gorda. Creo que fui evidente y tosco en mi comentario (estaba muy nervioso), porque todo me salió al revés. El rector se enfureció, pero respiró despacio y mantuvo la compostura.

—De modo que quieren un soborno...

Chiquito quiso corregir y habló denotando sus amaneramientos como le ocurría siempre que se ponía tenso.

—A ver, amiguito. Te faltan muchas cosas. Licencia de remodelación, permiso de la comunidad educativa, controles de seguridad.

En ese momento entró una mujer a la oficina. Se excusó.

—Rector, aquí están los nuevos exámenes de admisión que me pidió con carácter de urgente.

Reconocí la voz. Agaché la cara e incluso creo que traté de

taparme el perfil con una mano. El rector leyó mi gesto evasivo y preguntó.

—Profesora, Lola, ¿usted conoce a este joven?

Ella se inclinó para mirarme.

—¡Claro! ¿Uziel, cómo estás? —sus enormes mejillas sonrosadas y redondas me acusaban—. ¿Por qué ya no volviste al seminario de orientación vocacional? ¡Te estuve esperando! Cuando pregunté por ti me dijeron que te habías dado de baja temporalmente.

—Sí. Maestra Lola. Me metí a trabajar.

—¿A dónde?

—Prefiero platicar con usted otro día.

—Gracias profesora —dijo el rector—, puede retirarse.

Ella detectó la hostilidad en el aire y salió sin hacer más comentarios. El rector asintió repetidas veces, cruzó la pierna y sacó una caja de habanos. Tomó un puro y jugueteó con él. Se lo llevó a la boca sin encenderlo, como para sentir el placer del tabaco en sus labios. Luego lo guardó y oprimió el atomizador de una botellita de perfume. El aroma cítrico se propagó. Entendí que escondía su vicio detrás de fragancias artificiales.

—De modo que eras nuestro alumno. ¿Y qué estudiabas?

—Eso no importa. Ahora trabajo.

—¿A sí? ¿Y de vez en cuando, una vocecilla interna no te dice que tu trabajo es deshonesto?, ¡robas, y en vez de pistola usas una credencial! ¿Sabes lo que es un ladrón con licencia? Mírate al espejo. Dejaste morir tus sueños profesionales a cambio de dinero fácil. Pues aquí no lo obtendrás. Suspenderemos los trabajos de remodelación de inmediato y le diré a nuestros abogados que vayan a tus oficinas para seguir todos los procedimientos burocráticos que nos marquen. No importa que tardemos años. Los únicos perjudicados serán los estudiantes.

—Podemos reconsiderar.

No me escuchó.

—Ustedes dos son parte de una cultura que ha arrastrado miseria mental, generación tras generación.

—Pe… pero —quise conciliar—, no es para tanto. Usted nos malinterpretó.

—Esta conversación ha terminado —señaló la salida—. ¿Caballeros? Háganme favor.

Chiquito y yo abandonamos la oficina como perros apaleados, con el rabo entre las patas. Caminamos por los pasillos sin hablar. Luego mi compañero se sentó en una banca y lloriqueó.

—Eso fue muy horrible.

—Sí —coincidí—. Voy a hablar con Fugeiro para que me cambie de zona y horario. Voy a preguntarle si puedo trabajar en la noche, inspeccionando antros; así volveré a estudiar en las mañanas.

Chiquito se limpió la nariz con un pañuelo café muy arrugado que sacó de su pantalón, luego me advirtió.

—No se te ocurra, Uziel. Fugeiro protege negocios de giro negro. Los dueños son mafiosos. Le dan una gratificación mensual para operar en condiciones ilegales y hasta para vender droga. Fugeiro es un hombre peligroso. Tiene nexos con traficantes. Mejor sigue donde estás.

—¿De veras?

Algunos viejos compañeros de clases pasaron frente a nosotros. Me saludaron. Preguntaron por qué hacía varios meses que no me veían. Contesté con evasivas. En cuanto pude me puse de pie y corrí.

Tiempo después hallé en un artículo escrito por el perfumado rector de la universidad que se titulaba *Las tres causas del subdesarrollo.* Lo parafraseo:

Todos los países de Latinoamérica tienen problemas similares. Les cuesta despegar por tres razones.

1. RECHAZO A LA LEGALIDAD. *Históricamente los jefes religiosos de pueblos prehispánicos dominaban a la gente infundiéndoles temor. Sus dioses exigían sacrificios humanos. Miles de personas perdían la vida en ceremonias de inmolación. Cuando llegaron los conquistadores europeos, las cosas no mejoraron: Ocurrieron alianzas simuladas, promesas falsas, destrucción, esclavitud e imposición de nuevas doctrinas controladoras. Durante siglos, los latinoamericanos hemos sido oprimidos por nuestros gobernantes. Una y otra vez los líderes se han enriquecido traicionando la confianza de la gente. Por eso, los hispanos creemos que las leyes se hicieron para romperse. Decimos: «El legalismo produce estancamiento». «Para ganar hay que hacer trampa». «Es mejor pedir perdón que permiso». «Preferible sobornar a la autoridad que seguir las reglas». Esta primera ancla al subdesarrollo ocasiona que muchos jóvenes estudiantes se rebelen, hagan mítines, organicen huelgas, dañen instalaciones, roben exámenes, paguen respuestas, compren diplomas, maleen a compañeros, cometan sobornos. Para vivir el verdadero progreso profesional, es imperativo cancelar esta tendencia. El desarrollo de cualquier pueblo está necesariamente sustentado en el respeto a las normas y a las autoridades.*

2. ENVIDIA. *En la cultura hispanoamericana priva la frustración por injusticias pasadas. Históricamente el personaje sobresaliente era mafioso, tramposo, o contaba con la ayuda secreta de alguna autoridad corrupta. Tal estereotipo heredado se instaló perniciosamente en nuestro inconsciente colectivo y hoy pensamos lo mismo de todo el que triunfa. Hay un coraje escondido contra el compañero destacado; todos hablan mal de él y quieren derribarlo. Por otro lado quien llega alto suele llenarse de soberbia y trata mal a los que van detrás de él. (Cuando un latino logra cierto poder en el extranjero no* *suele ser solidario con los de su misma raza). La mayoría se burla de quien hace bien las cosas. Entre estudiantes, nadie quiere ser calificado como «nerd», «matado», o «teto». Así, los alumnos hacen estudios mediocres; al que sobresale lo tratan de desprestigiar y el que sobrevive, se vuelve desconfiado y agresivo. La envidia reina en nuestras relaciones y genera un ambiente de rivalidad malsana. A ninguno le da gusto cuando ven al prójimo triunfar. Los unos quieren perjudicar a los otros. No existe verdadero trabajo en equipo. Envidia es la segunda ancla al subdesarrollo que debemos romper para alcanzar el progreso profesional.*

3. CONFORMISMO. A los latinos de América no nos gusta sufrir más de lo que ya hemos sufrido; evadimos todo lo que nos cause dolor, esto incluye trabajo, ejercicio y estudio. Rechazamos la disciplina, porque es incómoda. Aunque tenemos grandes deseos de mejorar y damos inicio a muchos planes, cuando las cosas se ponen difíciles, abandonamos los proyectos y ponemos excusas. Somos maestros para urdir pretextos. Las familias de nuestra cultura viven encerradas en una continua justificación de sus errores. Al papá borracho se le soporta, al hijo desobligado se le defiende (pobrecito), a la hija grosera se le disculpa. Eso sí todos hablan mal del pariente o vecino rico (envidia). Como somos recelosos y ariscos, preferimos conformarnos con poco. «Mejor dejemos las cosas como están», y como no confiamos en nadie, preferimos tener bajo perfil, llamar poco la atención. Por causa de este tercer grillete, los jóvenes se obstinan en elegir carreras fáciles. No se exigen. No dan lo mejor de sí mismos. Tratan de esforzarse lo menos posible y si las cosas se ponen difíciles, buscan otra carrera, otra universidad o se dan de baja, (temporalmente, por supuesto), sólo para eliminar el estrés.

Tú eres latinoamericano, pero no aceptes estas anclas que te esclavizarán a la miseria. El rechazo a la legalidad se entrelaza con la envidia y el conformismo, formando un todo ideológico de esclavitud moral. No lo permitas. ¡Puedes romper la herencia malsana de tu pasado cultural!

13
LA FÓRMULA DEL COACH
Propósitos de todo proyecto

Mi hermana no apareció. Pasamos varios días buscando su cuerpo. Como no había señales de él, abrigábamos el anhelo de que estuviese viva. Esperábamos que hubiera abandonado el auto antes del accidente, pero aún así, nos enloquecía que no se hubiese comunicado con su familia.

Una noche entré al cuarto de Saira a revisar otra vez sus pertenencias. Todos lo habíamos hecho, incluyendo los investigadores, buscando pistas. Hallé una pequeña grabadora de alta definición. Compacta, potente. Escuché las grabaciones. Nada. Sólo había tarareos y solfeos. Saira usaba el aparato para componer. Oír sus notas me produjo cierta congoja. Desafinada o no, anhelaba volver a escucharla cantar en persona.

El suceso de la universidad nos afectó mucho, tanto a mí como a Chiquito, así que ninguno de los dos nos presentamos a trabajar al día siguiente. Yo acudí de nuevo a la Facultad y fui a hablar con el rector. En la explanada del campus había mucha gente. Las clases se suspenderían por algún festejo. Caminé hasta las oficinas. La secretaria no estaba, pero el directivo sí.

—¿Puedo pasar? —asomé la cabeza dejando medio cuerpo escondido tras la cancela.

—¿Qué se te ofrece?

—Vine a repasar cómo van las cosas.

—Haz tu trabajo, inspector. Revisa. Detuvimos las labores de remodelación.

—Pues tengo buenas noticias. ¡Voy a darles un permiso para continuar!

—¿De veras? —escarneció— ¿A cambio de *cuánto*?

—¡De nada, por supuesto! Ésta es mi escuela, yo he estudiado aquí y planeo regresar muy pronto. ¡Siempre ayudaré a mis instituciones!

El administrativo apretó los labios. Quizá para evitar una carcajada.

—En esta universidad nos reservamos el derecho de admisión. Por otro lado, reanudaremos los trabajos de resane y pintura en las aulas cuando tengamos los papeles en regla. Haremos todo por la vía legal. No necesitamos favores —caminó—. Estás obstruyendo la puerta.

—¿Perdón?

—¿Me permites salir? Voy a inaugurar un importante certamen deportivo.

Agaché la cara y me hice a un lado. Con la estima gravemente lacerada bajé las escaleras. En el patio, los estudiantes jubilosos caminaban en grupos entonando canciones e izando banderines con el escudo de su equipo. Yo formé parte del holgorio futbolístico el año anterior. Ahora me sentía ajeno a la fiesta, como intruso réprobo y traidor. Pasé junto a las aulas en remodelación y vi que en efecto los trabajos se habían detenido. Cabizbajo, llegué al estacionamiento y subí al auto de Lucy. Me lo prestaba con la condición de que le pusiera gasolina y pasara por ella al terminar el día de trabajo. Era temprano. No tenía a donde ir ni me apetecía seguir ejerciendo el oficio de inspector. Así que comencé a decirme majaderías. Una tras otra. Usé el lenguaje más florido que pude para adjetivarme, luego sentí nauseas y bajé del auto. Caminé hacia las canchas de fútbol atraído por la bulla. Como me consideraba indigno de sentarme en las tribunas junto a mis ex compañeros, entré por los túneles de vestidores y me apertreché para ver el partido desde otro ángulo.

Ni siquiera logré concentrarme. Preocupado por Saira, enojado con el jefe de mi novia, celoso de Lucy, humillado por el rector, desilusionado de mi familia adoptiva, y furibundo con la madre que me parió para después desecharme, no le encontraba sentido a mi vida.

El partido terminó en empate. Cuando menos me di cuenta, los jugadores del equipo local desfilaron frente a mí rumbo a los vestidores. Parecían molestos. Uno de ellos se empinó una botella de agua y la arrojó a la pared. Su contenido me salpicó. El entrenador lo hizo detenerse a recogerla. Aprovechó la pausa para regañar al equipo que lo rodeó.

—¿Por qué están tan enojados?

—¡Porque queríamos ganar! —respondió el capitán—. *Pudimos* ganar.

—A mí tampoco me gustan los empates —precisó el coach—. ¡Son patéticos! Pero no quiero que pierdan de vista que estamos aquí por cinco razones. Cinco, no una. En primer lugar, jugamos para aprender. Díganme. ¿Lograron ese objetivo hoy? ¿Aprendieron algo?

Hubo algunos rezongos.

—Sí.

—¡No los oigo!

—¡Sí, señor! —gritó la mayoría.

—En segundo lugar, vinimos aquí a divertirnos. ¿Lo lograron? ¿Se divirtieron?

—¡Sí, señor!

—En tercer lugar teníamos la meta de trabajar en equipo. ¿Lo hicieron? ¿Trabajaron en equipo de verdad?

La respuesta fue menos unánime. Aún así se escuchó potente.

—En cuarto lugar, era nuestro deber y privilegio dar lo mejor de nosotros mismos. Salir de la cancha agotados. ¿Lo hicieron? ¿Dieron lo mejor de ustedes?

—¡Sí, señor!

—En quinto y último lugar, teníamos el objetivo de ganar. Este aspecto lo logramos a medias porque conseguimos empate. De cinco metas alcanzamos cuatro punto cinco. En escala de uno a diez obtuvimos nueve de calificación. No podemos estar tristes.

Como yo sólo escuchaba al coach, no vi las reacciones de sus pupilos, pero después los oí reír y chancear. Caminé de vuelta al auto. Había presenciado una lección de fútbol que bien podía aplicarse a la vida entera.

Hoy entiendo que si pudiéramos resumir nuestros objetivos al trabajar, sin duda serían esos: *Primero, aprender*. Nuestra ocupación debe ofrecernos un universo ilimitado de aprendizaje; el buen trabajador no deja de leer, prepararse, tomar notas, teniendo siempre en cuenta que su primera meta en la vida es aprender algo nuevo cada día. *Segundo, disfrutar*. La existencia humana es breve y el momento presente pasa tan rápido que ya pasó, ahora es otro, y dentro de unos minutos será otro. Un hombre que solía estar siempre de mal humor, en su lecho de muerte, dijo: *aunque logré demasiado, fallé en lo substancial: nunca pude ser feliz.* Para lograr el objetivo de disfrutar cada instante, precisamos aprender a no angustiarnos por el mañana ni culpabilizarnos por el ayer, entendiendo que los retos son interesantes, y decidiendo estar contentos. *Tercero, convivir*. Las buenas relaciones tienen, a veces, más poder y peso incluso que el dinero. Trabajamos para interactuar con gente. La tarea de equipo es imprescindible. Requerimos crear alianzas. Dependemos de nuestros clientes y amigos; ellos dependen de nosotros. Pocas conductas resultan más fructíferas que ser sociables, tratables, amables, corteses. **Cuarto, dar lo mejor de nosotros.** Quien se esfuerza poco, termina logrando poco y perdiendo las oportunidades de volver a esforzarse. Un artista famoso se quejaba de estar demasiado cansado, no quería atender a sus fans en horas extras, así perdió popularidad y cuando quiso rectificar ya no tenía fans. Si competimos, demos lo mejor de nosotros; si estudiamos, demos lo mejor de nosotros; si tenemos empleo, demos lo mejor de nosotros. Asegurémonos de llegar todos los días a la cama, exhaustos. **Quinto, ganar.** Un hombre altruista trabajó sin goce de sueldo durante años con el afán de servir a los indigentes; a la larga se convirtió en uno de ellos. Es justo tener paga digna, retribuciones materiales. Vale la pena elegir una ocupación que pueda remunerarnos bien. Ganar dinero y prestigio de forma honesta es nuestra quinta meta en la vida, aunque, a decir verdad, si cumplimos cabalmente con las primeras cuatro y en esta última sólo obtenemos la mitad de nuestras pretensiones, aún tendríamos nueve de calificación.

A partir de aquel día no volví a sentirme a gusto en mi trabajo. Ni aprendía nada digno, ni disfrutaba mi labor, ni hacía buen equipo con otros (el Chiquito me abandonó por un compañero nuevo), ni me esforzaba lo suficiente, y, por lógica, dejé de ganar dinero. A pesar de todo, me mantuve en la nómina con el único fin de vigilar a Lucy, o mejor dicho, a su jefe. Ella reconoció que en efecto, mis sospechas eran reales. El sujeto había querido propasarse con ella varias veces.

—¡Renuncia! —la insté—. Busquemos otro empleo en el que no peligres.

—Sé cuidarme.

—Señora ¿usted qué opina? —le pregunté a la madre de Lucy que cosía prendas de vestir en el comedor.

—¿De qué? —Interrumpió su trabajo.

—El jefe de Lucy la acosa. Hace poco quiso besarla y arrancarle la blusa. Incluso la mordió en el hombro. Además, supe que tiene nexos con narcotraficantes.

—¡No digas mentiras! Vas a asustar a mi mamá.

—Pues estoy asustada ya, Lucy. Explícame qué pasa.

Mi novia me miró con furia. Luego aclaró que su jefe era un hombre casado con malas costumbres y aceptó, sin dar detalles, que la miraba con morbo.

—Denúncialo —dijo su madre—, debe tener un jefe.

—Su jefe es igual. No son personas de fiar.

Di con el puño sobre la mesa y dejé al descubierto, entre legítimo y teatral, mi recelo guardado.

—¡A como dé lugar voy a defender a Lucy!

—¿Qué piensas hacer? —presionó su madre.

—No sé, ya se me ocurrirá algo. Es cosa de usar la inteligencia.

—pero yo no tenía mucha, al menos, no entrenada—. Voy a buscar la forma de desprestigiar a esa pandilla de cerdos. Ya lo verán.

Ellas sonrieron y yo las imité, sin saber que estaba subiendo el primer peldaño que me llevaría a la cárcel.

14
LA SALIVA DE CHUPACABRAS
Flexibilidad

Desperté sobresaltado. Los estímulos eran demasiado intensos para formar parte de mis pesadillas. Había fuego en la celda de enfrente. Los internos gritaban y decían maldiciones, pero no pedían auxilio. Parecían disfrutar del resplandor quemante. Logré asomarme por un resquicio de la reja. Dragón Cancún, ayudado por varios hampones, había logrado secuestrar al mismísimo Chupacabras, un guardia famoso por su crueldad. Lo tenían hincado junto al retrete desbordante. Estaba semidesnudo. Su camisa recién arrancada a tirones, puesta en medio del calabozo, servía de combustible en una peligrosa hoguera de protesta. El humo debía ser asfixiante porque se estaba extendiendo en toda la zona de control. Varios comenzamos a toser.

—Se van a quemar vivos —balbucí—. El fuego se puede extender a todo el edificio.

Lograron arrancarle al Chupacabras la tarjeta maestra que había escondido en sus calzoncillos. Con ella abrieron su celda y después otras. La nuestra al final. Salimos a toda prisa, pero el portón acerado de la esclusa había sido apertrechado por la policía interna. No podríamos abandonar el sector. Antes nos matarían.

«¡Queremos agua!». «Perros, malditos». «Sáquenos de aquí». «Dénos de tragar».

Una sirena estrepitosa dañó nuestros tímpanos. El escaso mobiliario comenzó a volar por los aires haciéndose añicos. Hubo varios descalabrados. Se encendieron más fuegos. Para ello, algunos se desnudaron voluntariamente. Piras compuestas con ropa vieja y cobijas piojosas refulgían aquí y allá. Me di cuenta del peligro en que estaba. Traté de guarecerme tras una columna. Mi visión quedó limitada; siguió siendo pavorosa. Las rejas de todas las celdas de castigo habían sido abiertas. Por el vestíbulo corrían los amotinados, eufóricos, dementes, como insectos huyendo del DDT. Cancún había amarrado al rehén por las muñecas y lo arrastraba de los cabellos en medio del corredor.

—¡Vengan a patear este saco de basura!

Los presos comenzaron a desfilar propinando puñetazos y puntapiés.

A Chupacabras siempre se le escurría un hilillo de saliva por la comisura labial. Esta vez comenzó a escupir copiosamente ante cada golpe que recibía.

Cierto es que ganas no me faltaron de contribuir a la paliza. Sujetos como ese eran los culpables de que la cárcel fuera un sitio de tanta degradación. Chupacabras en combinación con otros custodios, introducía droga, fierros, prostitutas; vendía comida, agua, cobijas; organizaba pandillas e incluso enseñaban a los presos, siempre a cambio de dinero, cómo extorsionar a la población civil por teléfono; para ello, Chupacabras y sus socios allegaban información, estados de cuentas, números telefónicos y páginas del directorio. Custodios como aquel eran más crueles que muchos de los internos.

—¿Qué estás haciendo detrás de esa columna, lampiño?

Cancún me había descubierto. Se aproximó jadeando. Metió dos dedos a mis fosas nasales y me arrastró hacia el centro del barullo. Un dolor paralizante me hizo gritar. Quise quitarme la presión sobre mi tabique roto, pero no lo conseguí.

—¡Háganse a un lado!

Chupacabras en el suelo dejó de recibir azotes ante el mando del cabecilla.

—Ven acá, lampiño, imbécil. ¡Mata de una vez a este cabrón miserable!

De inmediato comprendí que Cancún quería que todos, especialmente sus adversarios compartiéramos con él culpa y consecuencias. Estábamos siendo filmados.

—¡Pégale!

Chupacabras giró la cara ensangrentada y me miró, suplicante. Había llenado el piso de saliva.

—¡No! —contesté.

—¡Obedece, pendejo!

—¡No!

Dragón me aplicó una llave que me hizo caer de bruces con un impacto sordo. Quedé tendido junto al guardia. Supe que ahora la paliza comunal tendría otro destinatario. Pero algo muy afortunado sucedió. Desde afuera nos arrojaron pastillas de gases lacrimógenos. Los vapores picantes colmaron el lugar. El custodio se laminó sobre el suelo tapándose la nariz con ambas manos. Lo imité. Los policías antimotines entraron al sector repartiendo catorrazos. En pocos minutos la rebelión fue controlada y los presos volvimos a las celdas, destinados a sufrir un recrudecimiento, de las ya insuperablemente malas condiciones. Por fortuna, la grabación del video, aunada al buen alegato a mi favor del guardia a quien no quise patear, me hicieron merecer el premio de que mi castigo se suspendiera.

Regresé a las celdas normales. ¡Cuan amplias y limpias me parecieron! Había agua, comida y libertad para salir a las zonas comunes. ¡Cómo valoré el privilegio de caminar por «el pueblito» e ir al gimnasio equipado con dos viejas caminadoras, una bicicleta fija de rodillo y varios juegos de pesas metálicas oxidadas! Casi nadie hacía ejercicio, porque la mayoría de los presos preferían drogarse. Me sentí privilegiado de acudir también a los salones de estudio. Áreas, casi siempre desiertas de visitantes. Los siete mil libros de la biblioteca estaban disponibles para mí. También comencé a frecuentar un grupo de neuróticos anónimos y otro de doble A.

Imposibilitado para estudiar en una universidad, como era mi frustrado deseo, me volví autodidacta. Incluso exigí que mis compañeros dejaran de llamarme *El lampiño* y me hice llamar *W*. Fue en esa etapa cuando decidí que, al salir de prisión, elegiría una carrera flexible, de aplicación global.

El mundo está cambiando día a día. Las comunicaciones han acercado a la gente de todas las naciones. Al elegir carrera conviene preguntar ¿en cuántos lugares puedo ejercer? ¿De cuántas formas distintas me es factible aplicar lo que sé? ¿Qué especialidad me permite adaptarme a diferentes medios o circunstancias con más facilidad? Al elegir una profesión flexible y global, o al ampliar mis conocimientos con maestrías, doctorados o dos carreras, aumento mis posibilidades de acción. Incluso podría inventar mi propio nicho de mercado.

Volví a soñar en grande.

—¿Ahora sí, nos vas a contar tu historia, Uziel?

León, el mentor del curso para readaptar a los internos en vías de ser liberados, puso su mano en mi hombro.

—Sí —aprendí en mi grupo de doce pasos que callar frustraciones secretas enquista resentimientos mortales y sólo la catarsis desahoga las presiones del alma. Había pasado ya dos años en esa prisión, rumiando deseos de venganza y acariciando, como acaricia un niño a una serpiente que hizo su mascota, odios e irreverencias sin comprender. Eso tenía que parar.

—Adelante, Uziel —me instó León—. Te escuchamos.

Mis compañeros guardaron silencio. Después de haber estado en las mazmorras de castigo, conviviendo con la peor ralea humana concebible, los internos de ese curso me parecían caballeros de la alta sociedad, y hasta los roedores que nos acompañaban me recordaban simpáticos hámsteres comparados con las sanguinarias ratas rabiosas de los barracones de sanción.

—Estuve castigado por pelearme —inspiré y expiré despacio; tenía la estima destrozada, igual que los huesos de mi cara que todavía se estaban reponiendo—. Estos dos años han sido terribles —proseguí—. Yo no debería estar aquí. Se los dije un día y lo repito. Me inculparon por un delito que nunca cometí.

15
EL EMBRUJO DE AFRODITA
Ascender sin pensar

Me hallaba en el auto de Lucy, esperándola. Habíamos quedado de vernos a las seis de la tarde e iban a dar las nueve de la noche. Estaba empezando a ponerme nervioso. ¿Qué había sucedido? Las primeras llamadas que hice a su celular sonaron varias veces, después, la grabación me indicó que el usuario estaba fuera del área de servicio. ¿Ella lo apagó o alguien más lo hizo para impedirle contestar? ¿Estaría en problemas? Si así era, yo la había metido en ellos. ¡Mi pobre Lucy! ¿Por qué la dejé arriesgarse?

No quise hacer más conjeturas ingratas y salí del auto, exacerbado. Corrí al edificio. Estaba cerrado al público. Entré por el acceso de empleados. Rondé los pasillos. Lucy no estaba. Pregunté al afanador y al guardia de seguridad; nadie la había visto. Empecé a resoplar. Tuve la misma premonición de desgracia que me invadió cuando entré al karaoke bar. Saira desapareció. ¿Ahora Lucy? Salí a la explanada de la municipalidad y busqué con impaciencia. «¡No! ¿Qué está sucediendo? ¡No! Lucy ¿Dónde estás? —di vueltas en círculo, jalándome los cabellos—, ¡a ver, a ver, cálmate, no ganas nada con ponerte neurasténico!».

Fui a la tienda decidido a comprar una cerveza, pero después me arrepentí y compré un *six pack*. Regresé al auto, me esforcé por relajarme. Hice lo que llamaba el yoga de la cerveza. Crucé mis piernas en flor de loto, recargué la cabeza hacia atrás, bebí casi sin respirar media lata y cerré los ojos dejando que el efecto del alcohol me adormeciera el occipucio. Luego de unos segundos, y sin abrir los párpados apuré el resto de la lata, siempre imaginando que todo el líquido confluía en mi nuca. Dio resultado. Respiré despacio. Recordé la forma en que Lucy y yo planeamos nuestra venganza la noche anterior en ese mismo auto (si los autos de los novios pudieran hablar...):

La enseñé a hacer el yoga de la cerveza y también aflojó su tensión. Nos besamos largamente, sin ponernos límites. Aunque yo pretendí llevar la iniciativa, tuve la sobriedad necesaria para entender que a los pocos minutos de iniciado el juego, quien tomó el control fue ella. Me permitió acercamientos intensos y luego me obligó a parar. Charlaba, contaba bromas y me distraía. Yo no podía razonar. Tenía los ojos muy abiertos, las pupilas dilatadas y el resuello jadeante.

—Leí en una revista —me dijo—, que Afrodita, la diosa griega del amor y el sexo, podía conseguir todo lo que anhelaba con un beso.

—Pues bésame y deja de hablar. Haré lo que sea por ti, mi Afrodita.

—No, porque supongo que los besos de esa diosa mataban, y yo te quiero vivo.

—¡Mátame y déjame seguirte besando!

—Pero quítame esos dedos de encima. No soy una almohada para apachurrar.

Levanté las manos y continué la sesión de besos. Cuando bajé los brazos ella se separó.

—¡Quieto, dije!

—No me hagas esto. Me estoy chamuscando.

—Pues échate agua. Dijimos que íbamos a planear nuestra venganza.

—Pásame otra cerveza. A ver. Voy a intentarlo. ¿Qué hacemos?

—Mañana el presidente municipal va a reunirse con empresarios que quieren construir un enorme centro comercial. El terreno es un ejido, no cuenta con uso del suelo ni servicios. Además los colonos de la zona se oponen. Sin embargo mi jefe ya me platicó que van a darle luz verde al proyecto a cambio de muchos millones. Si lográramos que la prensa se entere, daremos un gran golpe.

—¡Perfecto! ¿Qué sugieres?

—No sé. Mandemos una carta anónima a algún periodista para que investigue.

—Se me ocurre algo mejor. Grabemos a los funcionarios cuando hablen con los empresarios. Mi hermana tiene una grabadora pequeña de alta definición y mucho alcance. Su maestro de música se la regaló cuando ella cumplió dieciocho años. La usaba para componer. Podemos ponerla debajo de la mesa. En la sala de juntas.

—¿Y si la encuentran?

—Borraré todo lo que tenga grabado. No sabrán de quién es.

—¿Cómo entrarás a la sala de juntas para colocarla?

—Tú lo harás, Lucy. Antes de la reunión. La puedes pegar con velcro.

—¿Y después?

—No sé. Ya se nos ocurrirá algo.

Me había acercado a ella muy despacio otra vez; entre beso y beso planeamos. Lucy era noble, inmadura, inocente. Quería vengarse sin saber de qué. Siguió jugando a ser Afrodita por un *rato. Después detuvo la recreación y me sugirió que fuéramos a mi casa por la grabadora.* Alguien golpeó la ventana del auto. Abrí los ojos. Era el vigilante del estacionamiento.

—Voy a cerrar el lote. ¿Puedes sacar tu coche por favor?

Eran las diez de la noche. Ya no quedaba nadie en el Ayuntamiento. Esta vez la idea de que algo le había sucedido a mi novia se convirtió en convicción. De seguro intentó grabar a los funcionarios y la sorprendieron, pero ¿qué le habían hecho?

Conduje hasta la calle y estacioné el auto en la avenida. Volví a marcarle, sin éxito. Los coches detrás de mí, tocaban el claxon y ponían las luces altas. Estaba a punto de arrancar cuando vi que alguien se acercaba corriendo. ¿Era ella? Mi corazón se aceleró. Salí del coche, arriesgándome a ser arrollado y caminé a grandes zancadas. Sí. Mi Lucy se aproximaba con gesto desencajado. Puse mis manos en sus hombros, la abracé con celeridad y la tomé de la mano para correr con ella al vehículo.

—¿Estás bien? ¿Dónde andabas? ¿Qué te pasó?

—¡Vámonos de aquí!

Encendí el auto y aceleré a fondo.

Nos alejamos de la municipalidad y comenzó a reír.

—¡Lo logramos! ¡Lo hicimos! Pegué la grabadora debajo de la mesa, tal como me indicaste. Fue toda una odisea. Pero cuando la reunión terminó cerraron con llave la sala de juntas. Tuve que esperar horas, me escondí en los archivos del Municipio fingiendo que hacía un trabajo. De vez en cuando regresaba para ver si veía al afanador. Justo ahora lo hallé. Le dije que necesitaba entrar por unos papeles, pero él insistió que la sala de juntas estaba limpia. Lo convencí. Entró conmigo. Tuve que quitar la grabadora discretamente. Aquí está.

—Eres increíble.

—Espera, espera que acabe de contarte. Llegó el empresario, sin compañía alguna, con un portafolios de aluminio, y no me lo vas a creer. ¡A los pocos minutos entró el mismísimo presidente municipal! Mi jefe los dejó solos negociando cerca de una hora! El empresario salió sin el portafolios. Ahora sí se jorobaron. Tenemos hacha para cortar cabezas.

Detecté en los ojos de Lucy un peligroso brillo de furia contenida. O mucho la había molestado su superior en lo secreto, o poco conocía yo de los verdaderos motivos que la impulsaban a contraatacar. Lo cierto es que mi novia parecía extrañamente sobreexcitada.

—Hablas como si estuvieras segura de tener evidencia. Ni siquiera has oído la grabación.

—Algo bueno habrá.

Fuimos a mi casa. Eran casi las once de la noche. Desde que mi hermana desapareció, el abuelo prefería quedarse en su departamento, y papá, a esas horas ya habría tomado sus pastillas para dormir. Estaríamos prácticamente solos.

Tuve que cambiarle la batería a la grabadorcita para poder reproducir la banda sonora. Había muchos espacios en silencio, pero algunos fragmentos de voces se oían con asombrosa nitidez. Sobre todo cuando los hablantes discutieron. No pude creerlo. Lo que ahí se expresaba era claro y comprometedor para los involucrados.

—Espera un momento —dije temeroso—. Esto es diferente a lo que buscábamos ¡No está la voz de Fugeiro!

—Te dije que mi jefe salió de la sala de juntas.

—Qué lástima. Al único que quiero perjudicar es a ese perro mordelón. Yo no tengo nada contra el presidente municipal.

—Necio. Fugeiro nunca me mordió.

—Pero te acosa. Es mi adversario. ¿Por qué lo defiendes?

—No empieces con tus celos. Mira. Lo que hay aquí vale oro. Podemos usarlo para lograr mejores puestos. Ascender en el escalafón. Torcerle el brazo al Gran Chamán.

—¿Cómo?

—No sé. Piensa. Tú eres el más inteligente de los dos. Fuiste a la universidad.

—No te burles —me vi presionado y hablé sin lógica—. ¿Y si le enviamos una copia de la grabación al presidente y le pedimos que nos aumente el sueldo a cambio de nuestro silencio?

—¿Eso no se llama chantaje?

—Podríamos hacerlo de forma anónima.

—¿Y a quien le aumentaría el sueldo? —rio—. Tontito.

—Es cierto. Estoy confundido. ¿Qué hacemos con esto? ¡Yo sólo quería ajustar cuentas con Fugeiro! Obligarlo a renunciar; quitarte de encima al tipo asqueroso, ¡pero tu jefe ni siquiera estuvo en la junta!

—De acuerdo. Tranquilízate. Está bien. Yo creo que el presidente es el gángster, el cerebro de toda la corrupción en nuestra ciudad. Si le cortamos la cabeza a la víbora, se acaba el mal.

—¿Qué sugieres?

—¡Seamos valientes, Uziel! Vayamos con todo hasta las últimas consecuencias. Sácale copias a la grabación y métela en varios sobres. Envíala a los principales canales de radio y televisión. Eso es todo. Ya sabes, pueblo chico, chisme grande. Los corruptos recibirán su merecido y la gente buena tendremos el camino libre para trabajar. Es así de simple...

—No sé... algo me incomoda.

—Esto es como ascender a la cima de una montaña. El camino parece difícil, pero vale la pena cuando alcanzas la cumbre.

Aunque las piernas de Lucy eran extraordinarias y sus labios seductores, ella no dejaba de ser ingenua e inmadura. La besé. ¡Cómo la amaba!

Era una niña jugando a ser mujer. Yo estaba más influido por sus caricias y muslos que por su sensatez. Alcanzar la cima que me proponía era pueril y necio, pero desafiante. La mayoría de los «ascensos» son así.

Mucha gente emprende retos con entusiasmo, sólo para darse cuenta al final que no le gusta la cumbre a la que llegó. Los caminos hacia cimas profesionales están llenos de misterio y magia. Antes de seguirlos, es necesario visualizar la vida que tendremos si nos encumbramos. Hay jóvenes, por ejemplo que anhelan ser artistas: Ven el premio de la fama como su mayor misión.

Dan su vida por lograr la cúspide y cuando la alcanzan se dan cuenta de que no es lo que en realidad querían. Aprenden, tarde y en carne propia, que la vida pública es solitaria, vacía; todos la observan y critican; se fundamenta en viajes, presentaciones y entrevistas; carece de hogar fijo, familia y amor real.

El que quiere ser médico imagine con todo detalle lo que significarían las satisfacciones y desvelos de tener una cartera de pacientes que exigen ser atendidos *veinticuatro, siete*. El que ama pilotar aviones, visualice los detalles buenos y malos de estar siempre viajando.

Quien anhela ser cocinero, piense tanto en las sensaciones placenteras como en el humo y calor de la cocina. Cada meta al final de un ascenso, implica compromisos y responsabilidades. Vale la pena imaginar todos los detalles antes de subir. Después, puede ser demasiado tarde.

—Vaya, vaya.

La voz provino de atrás. Era pastosa. Nos sobresaltamos. En el umbral de la puerta estaba la silueta de un hombre demacrado, casi como pergamino. Dio un paso al frente y la luz de la sala desenmascaró sus facciones.

—Papá ¡qué susto me has dado! ¿No tomaste tu somnífero, hoy?

—Se me terminó. Escuché todo. Tengan cuidado con lo que piensan hacer. La bomba que tienen les puede estallar en las manos.

—Tomaremos en cuenta tu consejo.

—Sí señor, muchas gracias. Yo ya me iba. Uziel ¿puedes llevarme a mi casa?

Salimos sin despedirnos.

Mi padre tenía razón.

16
EL TIC DE GERTRUDIS
Personalidad

Al día siguiente no fui a trabajar. Había descubierto mi inca-
pacidad para ejercer el empleo que con tanta ilusión me consiguió mi novia. Ahora sólo pensaba en estudiar. Qué ironía.
Llegué a la universidad y fui a sentarme a una banca del patio. Ahí reflexioné sobre mi costumbre de abandonar todos
los proyectos que comenzaba. Como estudiante, siempre des-
potriqué contra profesores y juzgué de ineficientes los planes
académicos, cualesquiera que fueran. Acabé resolviendo que
yo merecía más. Pero lo verdaderamente preocupante era que
como empleado hice lo mismo. No supe someterme, despres-
tigié el sistema, insulté a mis compañeros y decidí, arrebatado,
que *yo merecía más.* Eso significaba que el problema era yo.

—Hola, Uziel, ¿qué haces aquí?

La maestra Lola con su cara redonda, me había descubierto
hablando solo.

—Nada. Mejor dicho. Pienso.

—¿Todavía estás trabajando?

—No. Voy a regresar a la universidad el siguiente semestre.

—¿Te gustaría venir de oyente a mi clase de planeación profesional?

Nos miramos con cierta tristeza. Volvíamos al origen de mis devaneos. Al punto donde me desvié. No hacían falta regaños ni muestras de arrepentimiento. Lo hecho, hecho estaba.

—Sí, maestra, gracias.

En esa sesión ella habló del autoconocimiento y escuché por primera vez sobre la importancia de elegir una ocupación acorde a nuestra personalidad.

Nos explicó previamente. «Personalidad» es la suma de características psicológicas que nos hacen reaccionar y relacionarnos con el medio de formas determinadas. La personalidad tiene dos partes: el «temperamento» cuyo origen se asienta en la herencia genética y el «carácter» que se genera durante la vida gracias a experiencias y hábitos.

Hice un test con la maestra Lola en el que aprendí cómo mi personalidad se amoldaba mejor a determinadas ocupaciones. Quedé fascinado. Si la ciencia moderna ofrece respuestas para todo, ¿por qué tomamos decisiones tan cruciales sin acudir a ella? Analicé el cuadernillo con el *análisis fundamental,* y valoré el tesoro que estaba en mis manos. Cierto es que ya lo conocía y nunca lo estimé. Ahora mi sensibilidad me permitía darme cuenta de lo importante y trascendental que era. Apreciar o despreciar un vaso con agua fresca depende de una sola cosa: La sed. Y yo tenía sed. Consideré ese *Análisis* como extraordinario. Consistía en sólo tres ejercicios. El primero la redacción de un pequeño ensayo para conocernos a nosotros mismos, el segundo la realización de un test de personalidad (que realicé en esa clase), y el tercero en el estudio y calificación de las setenta y cinco carreras básicas que existen. Salí esperanzado de aquella sesión, con intenciones de darme otra oportunidad. No podía estar destinado a fracasar. Ignoraba, sin embargo, que la vida me deparaba sorpresas desquiciantes.

Apenas subí al auto de Lucy, encendí la radio y me quedé petrificado. El locutor de noticieros relataba:

—*Esta mañana hemos recibido una grabación de procedencia anónima; como contiene declaraciones delicadas, quisimos reservarnos el derecho de difundirla hasta investigar su legitimidad; sin embargo nos enteramos que otras estaciones de radio también la recibieron. Hace unos minutos fue transmitida en dos fuentes más, por ello creemos conveniente que usted, amable radioescucha esté enterado de los pormenores. La grabación parece contener el diálogo privado entre nuestro presidente municipal y un empresario que pretende construir centros comerciales. Ellos mismos dan los datos precisos de su identidad y localización. Aparentemente lo hacen sin saber que alguien los está grabando. En el diálogo se oye cómo ambas personas negocian para llegar a un jugosísimo acuerdo económico ilegal. Sin duda, este archivo será sometido a pruebas y peritajes para determinar si es veraz o no, por lo pronto, es nuestra obligación darlo a conocer tal como lo recibimos, reiterando que la fuente es desconocida. Por mi parte, ésta que seguramente será una explotadísima noticia, me provoca sentimientos de tristeza y enojo. Si se comprueba que nuestro presidente municipal es un hombre deshonesto, esta pequeña ciudad turística se verá seriamente afectada en su prestigio. Por lo pronto, y dejando a un lado mis opiniones personales, como periodista, debo informar...*

La grabación comenzó a correr. Cerré los ojos. Quise que me tragara la tierra. Eso no podía estar sucediendo. Se escucharon sólo partes seleccionadas del diálogo. ¿Quién las copió, y envió a los medios? ¡La grabación original estaba en mi poder! Lucy me la dio ayer. Dudé. Busqué en mi portafolios. No la hallé. Cuando papá nos sorprendió la noche anterior haciendo planes, la grabadora estaba sobre la mesa. Como salimos de ahí casi de inmediato, quizá la olvidamos por descuido. Agité la cabeza. Eso era muy poco probable. ¡Tuve que haberla echado a la bolsa de mi camisa! Hice memoria. En la mañana cuando pasé por Lucy para llevarla al trabajo, no hablamos del tema.

Iban a dar las tres de la tarde. ¿Y si Lucy se quedó con el material, le sacó copias y lo mandó a los medios en apenas unas cuantas horas? ¡No era razonable! El locutor dijo que transmitiría la grabación tal como la recibió, pero la original era mucho más larga. ¡Alguien tuvo que editarla!

Manejé a gran velocidad. Mi casa estaba camino al Ayuntamiento, así que iría primero ahí, a buscar la grabadora. Durante el trayecto cambié la sintonía de radio varias veces y en dos estaciones más escuché que se estaba reproduciendo la misma noticia.

Llegué a mi casa. Dejé la portezuela del auto abierta y corrí como enloquecido. Busqué en mi ropa sucia del día anterior. La grabadora no estaba. Volví al auto. Al cerrar la portezuela detecté el compartimiento lateral en el que solía poner todo lo que me estorbaba. Busqué. La sangre se heló en mis venas. La grabadora portátil se encontraba encajada en la coyuntura del forro. ¿Qué significaba? ¿Estuvo en mi poder todo este tiempo? La encendí. El marcador de batería indicaba tres cuartas partes. Regresé la nota al principio y reproduje. Luego fui avanzando a velocidad rápida. Era esa. La detuve en los puntos álgidos. Tenía en mis manos la fuente original de la noticia que estaba saliendo en los medios. ¡Lucy me había engañado! Me dijo que estuvo toda la tarde en los archivos municipales fingiendo que hacía un trabajo. Aseguró que hasta la noche, minutos antes de encontrarse conmigo, recuperó la grabadora. ¡Pero no era verdad! Ella tuvo el material mucho tiempo antes y lo copió. Quizá se lo dio a alguien para editarlo. Tuvo que ser así. Entendí por qué subió al auto tan entusiasmada y segura. Yo fui quien le dije que no podíamos cantar victoria hasta oír lo que había en el aparato, pero ella se veía triunfante con anticipación. La razón era simple: Ya había escuchado el material.

Me dirigí a toda prisa al Ayuntamiento. Iba nervioso, preocupado. Guardé la grabadora en mi portafolios y éste lo escondí en la cajuela. Descendí del auto tratando de controlar el furor. Sacudí mi ropa y me concentré en parecer impróvido, incauto, como si no supiera lo que estaba sucediendo.

Entré a las oficinas. No encontré a nadie en su lugar. Los empleados caminaban de un lado a otro con rostro desencajado. La noticia se había corrido por los pasillos. El escritorio de Lucy se hallaba intacto, limpio, parecía que no había ido a trabajar esa mañana. Gertrudis, a un lado, de pie tomaba un hato de carpetas y las alineaba una y otra vez, sin percatarse que desde hacía mucho tiempo estaban perfectamente alineadas. Vi que se sacudía de manera intermitente.

—¿Dónde está Lucy? —le pregunté.

Volteó. Meneaba la cabeza como si estuviera prisionera de minúsculas descargas eléctricas involuntarias. En otras ocasiones le había notado ese tic, pero nunca tan acentuado.

—Tú sabrás —contestó displicente.

—Si te estoy preguntando dónde está, es porque no lo sé.

—Huye mientras puedas —el tic de su cabeza le invadió los brazos.

—Tranquilízate, Gertrudis. ¿Qué te pasa? ¿Por qué tiemblas así?

—No sé. Me sucede a veces —respiró hondo y controló sus convulsiones—. Lo que hizo tu novia afecta a muchos. Estamos luchando por limpiar el buen nombre de los funcionarios públicos y ella nos aplasta por puritita ambición. El presidente municipal nos representa a todos en esta oficina. A ti también, Uziel, aunque seas un trabajador inestable.

—Gertrudis, deja de temblar. ¿Tú estabas enterada de la reunión que hubo en la sala de juntas ayer? ¿Lucy te contó?

—¿Cuál junta?

—Con el empresario. En la que estuvo el presidente.

—Ayer no hubo ninguna reunión en la sala de juntas, ni el presidente bajó para nada. Estuvo en su despacho todo el día. Allí recibió a la gente.

—¿Y Lucy no subió a las oficinas muy temprano?

—No, amigo. El que subió unos minutos fue el Dire Fugeiro. Tu novia estuvo aquí, toda la mañana tronándose los dedos. Pero, luego, a medio día se fue con el Dire, no sé adónde. Uziel. ¡Abre los ojos!

Me resistí a pensar que mi Lucy formara parte de alguna confabulación. Ella era inteligente. No se metería en problemas. Además, me amaba. Al menos manifestaba gran pasión al besarme y mostraba interés de querer ayudarme; desde hacía años me prestaba dinero y me daba consejos; ella consiguió el puesto que ahora tenía y desde que trabajábamos juntos me prestaba su auto de forma permanente. Tal vez estaba siendo presionada o hasta extorsionada. Caminé a la oficina del Dire. Giré la chapa con sigilo. Cerrada. Entonces toqué tres veces cortésmente. La voz de un hombre preguntó desde adentro.

—¿Quién es?

Hablé con suavidad, fingiendo indiferencia.

—Traigo expedientes a firma. Es urgente.

La puerta se abrió despacio. Las bisagras rechinaron como queriendo gritar un sinfín de secretos. Empujé con fuerza. Lucy iba a la mitad de una carcajada cuando me vio. Quiso ocultar su diversión pero el eco de la risa iniciada resonó en las paredes. Estaba vestida con una blusa de seda holgada, sostenida apenas por dos tirantitos. La tela rasa apenas velaba el fulgor de su piel turgente. En la mesa había una botella de champaña y dos copas.

17
LOS PERROS DEL DIRE
Impulsividad

Mi cosmos se desplomó. No había extorsión ni coerción hacia ella. Estaba ahí por su propia voluntad.

—¿Festejan?

—Uziel, sal de aquí.

—Eres amante de este señor —no estaba preguntando.

—Tú siempre con tus cosas.

—¡Me has manipulado! Me dijiste «celoso, obsesivo y machista» para que no me metiera en tus porquerías, ni investigara. Qué asco. Y usted Dire ¿no se avergüenza de la foto familiar que tiene sobre ese nicho?

—Cálmate —se adelantó Lucy—, estás en un error. Te voy a explicar.

—No necesito explicaciones. Todo está clarísimo. En pocos días me he enterado de los manejos políticos. Usted —me dirigí al director—, fue candidato de su partido para ocupar la presidencia municipal, pero perdió las elecciones internas. Ahora, con la caída del presidente actual, subirá como la espuma; le ha prometido a Lucy un buen puesto. ¿No es cierto? ¿Cómo pude ser tan ciego? —mi mente estaba digiriendo el pastel de un solo tirón—, ayer usted usó mi grabadora para comprometer al presidente. Por eso se salió y lo dejó solo. Qué casualidad. ¡Él lo va a deducir! Usted siempre lo acompaña en los grandes negocios ¿y ahora no? ¡Qué casualidad! Después por la tarde, Lucy y usted estuvieron analizando la grabación y la copiaron. ¡Pero se les cayó el teatro! La prensa está buscando información. Voy a ir a la televisora para platicar la verdad. Además, sé otras cosas sobre las que va a tener que dar explicaciones.

El silencio se volvió como una masa invisible que hizo nuestros movimientos lentos. El director se acercó muy despacio.

—¿A qué te refieres?

Vi a mi novia detrás de él, reflejando en su rostro la confusión de una Venus que ha perdido sus encantos. ¿Cómo pudo corromperse? Mi rabia se acrecentó.

—Sé que protege negocios de giro negro y hace alianzas con narcotraficantes para vender droga.

Fugeiro respiró de forma sonora. Enrojeció, y por unos segundos se quedó muy quieto. Lucy tenía la boca abierta en una mueca de asombro extremo.

«Ese hombre se está posicionando políticamente y cada vez tiene más poder. Puede aplastarnos con un dedo».

Salí de las oficinas a toda prisa. Lucy me siguió.

—¿Por qué dijiste eso? —me preguntó en el patio—. Acabas de meterte en un problema muy grave.

—Tú me metiste en él.

Seguí caminando.

—Uziel, no seas tonto. ¡Yo te quiero!

—Cállate. Eres una golfa, por no decir más. Amante de un hombre casado. Él nunca te acosó. Fuiste tú quien lo sedujiste. Igual que a mí. ¿Por un mejor puesto y mayor sueldo? ¿A eso te referías cuando me diste la cátedra de que estabas haciendo una carrera laboral? Por tu culpa me salí de la universidad.

—Espera. Piensa. Si no te quisiera, jamás te hubiese traído a trabajar aquí. Eres mi novio desde hace cinco años. No tienes dinero. Manejas mi propio auto. No me ofreces nada, excepto cariño. Valoro eso. Si fuera tan mala como dices, hace mucho tiempo te habría dejado, pero me interesas; mi relación con Fugeiro es sólo de conveniencia. Era un juego de poder. Al final tú y yo íbamos a salir ganando, pero lo echaste todo a perder.

—Qué asco me das.

—Uziel, regresa y pide una disculpa. Tal vez estés a tiempo. Dile a Fugeiro que no tienes ninguna prueba en contra de él, ni intenciones de hablar con ningún periodista.

—Eso sería humillante.

—¡Pues humíllate, pero salva el maldito pellejo!

—¡No! Tú me dijiste ayer que si le cortábamos la cabeza a la víbora, se acaba el mal. Te referías al presidente; yo creo que Fugeiro es la víbora. Dijiste «vayamos con todo hasta las últimas consecuencias», es lo que voy a hacer, caiga quien caiga, incluyéndote a ti.

Llegamos al auto de Lucy, abrí la cajuela, saqué mi portafolios y le entregué las llaves. Justo en ese instante detecté que dos hombres vestidos con traje oscuro se acercaban sigilosamete por ambos costados. Hablaban a través de enormes *walkie talkies* y ostentaban armas enfundadas a la cintura. Lucy me previno:

—Son los perros del Dire.

Eché a correr y ellos lo hicieron detrás de mí. De pronto me vi envuelto en una huida irritante y febril. Atravesé la avenida toreando a los autos que no disminuyeron la velocidad. Se escucharon groseros claxonazos. Llegué al lado opuesto del camellón y quise subirme a un colectivo, pero el más cercano parecía aún lejano. Corrí en sentido contrario de la vía. Los agentes de seguridad ya cruzaban la avenida a toda prisa. Parecían exasperados, dispuestos a lo que fuera por alcanzarme.

Tenían instrucciones precisas y recientes de algún superior de envergadura. Yo significaba un grave riesgo para el cerebro que tan finamente había desprestigiado a la máxima autoridad de nuestro pueblo. Las escenas de Lucy que provocaron mi celo, el Chiquito poniéndome al tanto de la peligrosidad y los malos manejos del Dire, el tejido de sucesos perfectos para despertar mi indignación... todo parecía encajar como un rompecabezas premeditado. ¿Lucy, mi querida Lucy tramó con su jefe la búsqueda y reclutamiento de un cándido impulsivo dispuesto a soltar golpes al aire para desprestigiar los métodos que el presidente avalaba? ¿Lucy había sembrado en mi ánimo la semilla de una venganza ingenua? ¿De verdad ella y su asqueroso amante anticiparon que mis patadas de ahogado, iban a beneficiarlos? ¿O simplemente improvisaron como lo hacen los buenos músicos cuando pierden la partitura?

¡Al fin! Un minibús se detuvo frente a mí y abrió su puerta. Pude saltar al interior, pero no lo hice porque calculé que mis perseguidores me darían alcance con facilidad. Jadeando, fuera de mí, tuve la intención de cruzar la calle de vuelta al Ayuntamiento. Detecté más policías en ese rumbo tratando de unirse a la persecución. Estaba perdido.

Seguí avanzando por la acera atiborrada de puestos ambulantes. ¡Tenía que llegar a un periódico, estación de radio o televisión! Un poder se combate con otro. Mi vulnerabilidad se centraba en que todavía nadie había escuchado mi versión. Antes de presentarme ante los medios a atestiguar, podían incluso matarme. Después no. Estaría protegido por la misma opinión pública.

Di vuelta a la calle y seguí corriendo. Exhausto, sentía ganas de devolver el estómago, pero no me detuve. Giré en la siguiente esquina. Llegué a una base de microbuses. Varios de ellos con diversos destinos estaban a punto de iniciar sus rutas.

Subí a uno. El de al lado comenzó a moverse primero. Salté a la calle de nuevo y me encorvé para esconderme; gateé por las escaleras del que ya se iba. Los perros del Dire estaban cerca. Husmeando, olfateando. No me vieron. El chofer se dio cuenta de que me perseguían. Detectó en mi rostro suplicante y aterrorizado que era víctima y no victimario. Calculó que no representaba ningún peligro y que por el contrario estaba desesperado por ayuda, así que aceleró atrabancando los obstáculos frente a él. En unos segundos iba a toda velocidad. Se pasó dos altos y estuvo a punto de chocar. Cuando comprobó por el espejo que mis perseguidores habían quedado lejos, se detuvo:

—Bájate. No quiero problemas.

Obedecí. Ni él me cobró ni yo intenté pagarle.

Caminé por la calle con más calma. Necesitaba pensar. Pedir consejo. Había cometido demasiadas tonterías. Estaba cerca del departamento de mi abuelo. Con suerte lo encontraría. Me dirigí al edificio.

Toqué el timbre. Nadie abrió. El abuelo no estaba.

—¿Qué hago? Piensa, piensa.

Saqué mi celular. No tenía crédito. Uno de los vecinos del inmueble abrió la puerta para entrar, caminé detrás de él y me colé. No usé el elevador. Preferí las escaleras. Eran sólo cuatro pisos y había demasiada adrenalina en mi cuerpo. Frente a la puerta del departamento tuve un estremecimiento. Si Lucy cooperaba con la policía para detenerme, ese sería un sitio que no tardarían en inspeccionar.

Me quedé inmóvil, consciente de todos los problemas que me habían sobrevenido a causa de mi impulsividad. Desde la adolescencia fui poco reflexivo. Varias veces me involucré en pleitos escolares, insulté a compañeros y desprecié a los adultos, pero luego sufrí mucho al sentirme rechazado. Un sinfín de veces hice cosas sin calcular las secuelas a largo plazo. El futuro me pareció siempre demasiado lejano para preocuparme de él. Estuve interesado en la complacencia momentánea y cuando las cosas se ponían difíciles, protestaba, gritaba, daba la vuelta y me largaba a otro sitio en el que me trataran mejor. Ahora podía ver que cada decisión impulsiva tomada en mi juventud, aún las supuestamente insulsas, me habían generado consecuencias.

No detecté que estaba retorciéndome los dedos hasta que el dolor me hizo parar. Observé, desconfiado los foquitos del ascensor. Se hallaba en la planta baja. Se quedó ahí por varios segundos y luego comenzó a subir. Uno, dos, tres, cuatro. La campanilla avisó que se abriría frente a mis narices. Era la policía, sin duda. Quise esconderme, pero no me moví. Estaba atrapado.

Apareció una mujer gorda jalando un soporte de ropa. Tecla, la lavandera de mi abuelo que trabajó durante años en nuestra casa cuando mi madre vivía.

—Hola, Tecla —la saludé e intenté sonreír sin éxito.

—¡Uziel! ¿Qué haces aquí? ¿Estás bien? Te ves pálido.

—Sí —mentí—, pero quisieron asaltarme. Llamé al abuelo y me dijo que llegara a su departamento. Él viene para acá.

—Ay, hijo, esta ciudad ya no es segura. Pásale —abrió con su llave—. ¿Quieres pan para el susto? ¿O prefieres un té?

—No, Tecla, gracias. Voy a sentarme en la sala mientras llega mi abuelo.

—Yo sólo vine a dejar esta tanda de ropa que lavé y planché. Voy a acomodarla. Con permiso —después de unos minutos salió a la estancia y se disculpó—. Tengo que irme. Qué pena. Perdona. ¿Le dices a tu abuelito que dejé la ropa colgada en el closet? Al vestido de su paciente le quité las manchas. Quedó como nuevo.

—Sí, Tecla. Yo le aviso.

En cuanto la señora salió, caminé por el departamento. Todo era bello, simétrico, como el escenario de un teatro acomodado con reglas y escuadras. Demasiada perfección, ni un solo objeto de más o de menos, ni una brizna de polvo. El abuelo vivía con nosotros la mitad del tiempo y podía decirse que era incluso desordenado. Sin duda usaba ese pulcro departamento para recibir visitas importantes.

Abrí la puerta de su habitación y me adentré. Sí. Ahí estaba la sustancia de su verdadera personalidad. Una cama mal tendida, un librero desacomodado y una mesa llena de cuadernos, papeles, anteojos, y bártulos... Me senté en su sillón de trabajo. Tomé sus lentes y los superpuse a mi nariz unos segundos. Tenían demasiado aumento.

Abrí los cajones, movido por el morbo de explorar en las intimidades de alguien que no está presente. Lo primero que vi me causó un profundo malestar. ¿Qué era eso? Nunca supe que el accidente se publicó en los periódicos. Había fotografías explícitas, crueles, amarillistas de un Kia verde estampado en un autobús de pasajeros. Pasé las hojas recortadas. El texto estaba subrayado en diferentes partes. Se veían imágenes sangrientas de jóvenes prensados y cuerpos cubiertos con sábanas blancas sobre la carretera mojada. Una tenaza ardiente me apretó la garganta. Imaginé al abuelo leyendo esos periódicos y analizando con lupa los pormenores del accidente en el que desapareció su única nieta. Su favorita. Iba a ponerme de pie cuando algo extraño en el expediente me llamó la atención. Una fotografía *real* del accidente. Alguien, en persona, la tomó. Estaba desenfocada y descentrada, como si el fotógrafo hubiese sido presa de un nerviosismo febril; como si hubiera estado temblando por la impresión. ¿Quién le dio esa fotografía a mi abuelo? ¿Un periodista? ¿Un policía?

Volví a meterla a la carpeta y cerré el cajón, pero un repentino pensamiento de discordancia me hizo volver a extraerla a toda velocidad. Esa imagen era distinta a la de los periódicos. No mostraba el reflejo luminoso de las ambulancias. No tenía heridos, ni cuerpos acomodados. Sólo se veía el *Kia* verde incrustado en el camión. Quienes participaron en el suceso, heridos y rescatistas habían sido como borrados de la escena. Únicamente estaban los vehículos.

«Qué extraño», tomé la lupa de la mesa. Una de dos: O esa fotografía fue tomada después de que las personas fueron llevadas a otro lado, o alguien la disparó cuando aún se encontraban ahí, *dentro* de los vehículos.

«¡No es posible!», me llevé una mano a la frente sintiendo electricidad. «¿Qué es esto?». Se distinguía la silueta de gente detrás del parabrisas. En el autobús había personas todavía. Eso significaba que... ¿Era factible? ¡El fotógrafo estuvo ahí, antes de que llegaran la policía y la asistencia médica!

18
EL BOLILLO DE TECLA
Pasión

Hice memoria.

La última vez que vi a mi hermana, después de que me recuperé de los golpes que me dio el tatuado Paul, caminé por la calle, furibundo, tratando de estar a solas. Mi abuelo me siguió durante tres o cuatro minutos, luego dio la vuelta y aceleró dejándome solo. Quizá se preocupó por su nieta y prefirió apresurarse a seguirla a ella en vez de a mí. De seguro ponderó quien de los dos corría más peligro. Yo sólo estaba triste, deseoso de introspección, Saira en cambio iba borracha en un auto atiborrado de jóvenes imprudentes, también ebrios.

Hurgué en la pila de papeles. Había un desorden. Hasta abajo había tres fotografías más del interior del auto. Una náusea repentina me hizo doblarme. Respiré y cerré los ojos un segundo. En la imagen se veían sobreexpuestos a la luz del flash los rostros de los accidentados. Parecían inconscientes, inmóviles, traumatizados. ¿Qué impúdico desvergonzado pudo retratar a esos jóvenes moribundos, en vez de ayudarlos? Sólo alguien mentalmente enfermo. ¿El abuelo? ¡Él estuvo en el sitio del percance! Tal vez hasta lo vio y lo escuchó. ¿Fue quien llegó primero y pidió ayuda? ¿Mientras esperaba la llegada de policías, tuvo la sangre fría para tomar esas fotos morbosas?

«Los amigos de Saira tuvieron un accidente. Pero ese no es el problema. A Saira nadie la encuentra. Tu hermana ha desaparecido».

Recordé sus palabras con precisión. ¡Él lo supo primero que todos! Pero algo no estaba bien. Descuadraba. Dijo que fue a investigar a la mañana siguiente; que acudió al antro cerrado y escuchó rumores de los vecinos respecto a un accidente en el que había muerto el hijo del dueño del bar. Dijo que fue a la policía y ahí le informaron. ¿Por qué mintió? Él estuvo ahí.

Me puse de pie acobardado. Con pasitos febriles exploré la habitación, sin saber con exactitud qué buscaba.

Entonces lo vi.

Un pesado y denso escalofrío me recorrió la piel.

¡El vestido de Saira! Ese horrible vestido rojo brillante, satinado, inconfundible, irrepetible que había traído puesto el día del accidente. El que originó toda la discusión con mi padre aquella noche. El que Saira escondió debajo de un abrigo, indispuesta a cambiárselo para ir a su trabajo. Lo toqué con las yemas de los dedos. Estaba recién lavado y planchado.

«Al vestido de su paciente le quité todas las manchas. Quedó como nuevo».

¿A qué tipo de manchas se refirió Tecla? ¿De sangre?

De pronto tuve premoniciones siniestras. ¿Mi abuelo había matado a Saira? ¿La había secuestrado? ¿La tenía escondida en alguna bodega? ¿La encontró muerta y la enterró después de quitarle el vestido, preso de una locura repentina? ¡Dios! ¿Quién era el abuelo? ¿Por qué si sabía lo que le había pasado a mi hermana, mantuvo tantos días el secreto, dejándonos sufrir a mi padre y a mí y desquiciando a los policías?

—¿Qué buscas, Uziel?

La voz me llegó por la espalda. Había sido descubierto hurgando en las pertenencias secretas de un hombre trastornado.

—Na… nada… —volteé despacio.

Era Tecla.

—Olvidé dejar la nota de mis servicios. Debí colgarla junto a la ropa. Por mí yo no cobraría. Me apasiona mi trabajo. Estoy hecha a él, pero tu abuelo insiste en que deje mi cuenta.

—Pásale.

—¿Buscas algo, Uziel? ¿Te puedo ayudar? ¿Qué tienes? ¡Debiste comer un bolillo!

—Tecla ¿de dónde salió este vestido rojo?

—Estaba en el cesto. Hecho bolas. Tenía manchas de sangre seca.

—Sangre… ¿Qué sabes respecto a él?

—Nada.

—¿Ni siquiera sabes de quién es?

—No…

Me recargué en la pared y respiré con agitación.

—Ay, hijo, tú sí que estás mal. Debes comer algo. Pero que no sea aguacate porque te puede dar un torzón. Espérame aquí. Voy por un bolillo.

Permanecí como enganchado a la pared, cautivo de una parálisis temporal. Mientras tanto, la señora fue a la cocina y regresó trayendo un pan.

—Toma. Muérdelo.

Apenas roí un poco la punta de la pieza, recuperé la movilidad. Salí de la habitación. Tomé mi portafolios que estaba sobre el sillón blanco de la sala; Tecla me persiguió con su bolillo insistiendo que le diera otra mordida. La ignoré. Abandoné el departamento, bajé las escaleras del edificio y me dirigí a la clínica del abuelo. Ya no me preocupé por los policías.

En el camino pensé en Tecla. Dijo, aunque no logré captar cuánta veracidad había en su declaración, que su trabajo le apasionaba. Hoy sé que sólo se puede calificar un trabajo de «apasionante» cuando estamos dispuestos a realizarlo aún en momentos difíciles, incluso en condiciones de escasez o falta de recursos económicos. Otra prueba: Por lo apasionante trabajaríamos en medio del peligro, arriesgaríamos la vida o la integridad de forma voluntaria. Por último, un trabajo apasionante estaríamos dispuestos a hacerlo durante nuestro tiempo personal, invirtiendo horas extra y aún días de descanso o vacaciones. Los comentarios de Tecla cumplieron esos requisitos, pero me parece inverosímil que se sintiera tan orgullosa de lavar y planchar ropa cuando casi todas las mujeres de su gremio se quejan de una labor así. Lo que en realidad creo es que ella volvió a la casa con intenciones de descubrirme husmeando.

Tomé un taxi. Los consultorios de odontología que el abuelo administraba se encontraban a espaldas de la única plaza comercial de la ciudad. El taxista manejó con destreza y llegamos en pocos minutos. Frente a la puerta principal del edificio había una patrulla. La policía me estaba esperando. Era lógico. Lucy les habría dado una lista de los domicilios a los que podrían buscarme. Dudé. Era más fuerte e impostergable mi necesidad de averiguar la verdad respecto a Saira que esconderme por un crimen que no cometí.

El edificio tenía otro acceso en el estacionamiento subterráneo, sin embargo, la rampa para bajar también se hallaba bloqueada por la patrulla. Caminé hacia la calle perpendicular y entré al subsuelo usando la escotilla de la basura. Crecí jugando a las escondidas en ese inmueble. Lo conocía a la perfección. Subí por la escalera de servicio.

Dos pacientes resignados a someterse a torturas odontológicas, hojeaban sin leer los boletines del revistero.

—Con permiso. Buenas tardes.

Llegué hasta la recepción. Pregunté por mi abuelo. La joven me indicó que no estaba. Insistí. Casi comencé a gritar que me urgía verlo. No, no era paciente. Tampoco tenía dolor de muelas ni inflamación de las encías. Mi urgencia era personal. Como había subido tanto la voz al exigir, la secretaria se puso de pie y fue a buscar a la administradora de la clínica, Zulu, una señora entrada en carnes que se esforzaba por parecer moderna. Traté de tranquilizarme. Aquella mujer, siempre me trataba bien. Era la asistente de mi abuelo desde hacía años y sentía una especial empatía por mí.

—Hola, Uziel. ¿Qué necesitas?

—Zulu. ¿Dónde está Saira?

Por primera vez vi a Zulu titubear. Como era muy morena, al sonrojarse su rostro pareció amoratarse.

—¿De... de... qué me hablas?

—¡Tú lo sabes! Llevas todos los asuntos de mi abuelo. Dime la verdad. Jamás me has mentido.

—Yo...yo...no...no...

En ese momento entraron dos policías. Se dirigieron directo hacia mí, mas, para mi sorpresa, cuando llegaron al borde del mostrador me ignoraron por completo. Preguntaron por mi abuelo.

—Traemos un citatorio.

Zulu me dirigió una mirada furtiva. Moví la cabeza como tratando de decirle que yo no los había traído.

—El doctor no se encuentra. Si quieren pueden dejarme el citatorio.

—Firme aquí. Trate de localizarlo. Es urgente. Debe presentarse esta misma tarde en las oficinas para aclarar datos sobre la desaparición de su nieta.

—De acuerdo. Le pasaré el recado.

Zulu rubricó el documento, pero al estampar su nombre noté que vacilaba. Los policías salieron.

—Zulu —le tomé la mano y se la apreté—, dime la verdad. ¿Dónde está Saira? —Ella me observó con temor. Sus lagrimales se colmaron. Parecía conmovida, como si quisiera decirme muchas cosas que yo desconocía—. ¿Qué ocultas, Zulu?

—Nada.

—¿Dónde está mi abuelo?

—Fue al hospital de cirugías faciales al otro lado del centro comercial. Si lo ves, infórmale del citatorio.

—Gracias, Zulu.

Esta vez usé el elevador principal y salí por la puerta de enfrente. La patrulla se había ido. La clínica a la que Zulu se refirió estaba a unas cuantas cuadras; el abuelo enviaba ahí a sus pacientes cuando necesitaban intervenciones quirúrgicas maxilofaciales. Pertenecía a un amigo y socio. Recorrí trotando la distancia entre ambos edificios. Mis niveles de adrenalina no habían bajado. Volví a sentir la paranoia de la persecución que sufrí minutos antes. Giré la cabeza para todos lados. Nadie me seguía. Llegué a la clínica, confundido, impaciente, agitado.

Usé una estrategia distinta. Entré sin pedir permiso. No me detuve ante los mostradores de recepción, caminé con la cara en alto, fingiendo prisa y confianza como lo haría cualquier enfermero, médico o asistente al que se le ha hecho tarde para atender un asunto. La táctica funcionó. Ni los guardias ni las secretarias me preguntaron a dónde iba. Avancé con seguridad simulada, buscando a mi abuelo, pero al llegar al pasillo central de las habitaciones en la que los pacientes se recuperaban tuve una alucinación.

Me detuve, respirando agitadamente. Sacudí la cabeza y apreté los dientes. Volví a mirar. Las alucinaciones no se mueven. Caminantes del desierto ven oasis extraordinarios a lo lejos, pero siempre inertes. Esto era distinto, inverosímil. Fuera de lo normal. Un sin fin de ideas destructivas se agolparon en mi cerebro. ¿El mundo era peor de lo que había imaginado? ¿No había nadie, ni aún amigos, familiares (o abuelos) en quienes se pudiera confiar? Rompí la burbuja de estupor que me inmovilizaba y caminé.

—Saira —musité.

Mi hermana estaba de pie al final del pasillo, con el pelo más que desaliñado, como una medusa rancia; sus líneas faciales parecían defensivas, adustas, pero lo más terrible del cuadro eran sus ojos. Me miraban sin mirarme, como si me traspasaran. Cuando percibió que alguien se acercaba hizo el ademán de huir. La detuve gritando.

—¡Soy yo, Uziel! ¿No me reconoces?

Entonces enfocó. Arrugó la nariz y entrecerró los párpados.

Sus mejillas parecían resecas, deshidratadas, llegué hasta ella, la tomé por los hombros, y quise sacudirla, pero al instante retrocedió emitiendo un chillido animal.

—¿Qué te pasa, Saira?

Mi reclamo sonó como una detonación en el pasillo y zumbó por el eco de las paredes mondas. Dos enfermeras llegaron corriendo hasta nosotros. Una de ellas me encaró.

—¿Quién es usted? ¿Qué hace aquí?

La otra tomó a mi hermana del brazo y la condujo de vuelta a la habitación.

—Le pregunté quién es usted —insistió la empleada.

La oí con dificultad. Me maree. Todo comenzó a darme vueltas.

—Soy Uziel Ruiz. He... hermano de Saira. Ni.. nieto del doc... tor... Estévez...

Interrumpí la recitación de mi genealogía porque la tensión me atragantó. Junté ambas manos y quise cubrirme la nariz, pero estaba patitieso.

—Venga con nosotros.

Me dejé conducir, igual que Saira, prisionero de esa minusvalía temporal que produce el estupor, pero apenas unos segundos después, reaccioné con violencia.

—No... Suélteme —me zafé groseramente—. Quiero ver al doctor Estévez. ¡Ahora! ¡En este momento!

Al escuchar mis exclamaciones, otros enfermos y familiares visitantes comenzaron a salir de sus cuartos para asomarse al pasillo. Camino a la recepción exigí a gritos que necesitaba hablar con mi abuelo.

—¡Cálmese!

—¡Cálmese, cuernos! ¡Necesito que me den una explicación! Ustedes tienen secuestrada desde hace varios días a mi hermana Saira. La policía la ha estado buscando. Ocultaron información. Cometieron un delito.

—La enfermera que parecía con más jerarquía preguntó a la oficinista:

—¿Dónde está el doctor Estévez? Localízalo de inmediato.

Dos colaboradoras comenzaron a marcar los teléfonos, desaforadas. A los pocos segundos, una tenía la respuesta.

—El doctor regresó a su consultorio. Zulu le llamó de urgencia.

—No puede ser —dije— yo vengo de ahí.

—Tal vez se cruzaron en el camino.

—¡Mierda, mierda, mierda!

Salí a la calle, dispuesto a descifrar ese fraude, pero en cuanto pisé la acera, dos sujetos me cayeron encima. Ni siquiera anticipé el ataque. Fue sorpresivo y severo. Eran los perros del Dire, a quienes había creído simples guardias de seguridad (supe después que eran policías judiciales).

—Estás detenido.

Quise soltarme y recibí un fuerte golpe en la cabeza que

me descalabró. Fui arrastrado hasta un auto negro con tumbaburros y torreta policíaca portátil en el tablero.

—Lo tenemos —dijo uno por el radio—. Como lo suponíamos. Tenía los bolsillos llenos de cocaína. Estaba vendiéndola.

—¿Qué dicen? —reclamé sin dejar de apretarme con una mano la herida de la cabeza por la que manaba sangre—. Yo no vendo cocaína. No tengo nada de eso en mis bolsillos.

—Ahora sí.

19
LOS BIGOTES DEL JURISTA
Jóvenes preparados

Fui detenido por asociación delictuosa en delitos contra la salud.

—Ni siquiera conocía la droga —le dije al abogado—, jamás la he consumido.

—Pero hay demasiadas pruebas en tu contra. Te sembraron cocaína dentro de un portafolios que olvidaste en la recepción de la clínica. Fabricaron testigos, e incluso tu misma novia declaró contra ti.

—Esa... —pero no encontré apelativos suficientemente malos para calificarla—, se pudrirá en el infierno.

El abogado, mi padre y yo esperábamos la llegada de los agentes federales que me transportarían a la capital.

—¿Dónde está el abuelo? —pregunté.

—Terminando de comparecer —dijo el abogado—. Él también tuvo un problema. Algo distinto. Inusual. Lo sancionarán por obstruir investigaciones y falsear información relacionada con su nieta.

—¿Inusual? ¡Es increíble! ¡El mundo está loco!

Un silencio oscuro contaminó nuestra ya de por sí precaria comunicación. Permanecimos callados hasta que el mutismo se hizo intolerable.

—¿Cómo está Saira? —cuestioné.

—Viva —contestó papá—. Físicamente sana. Sólo su mente… se está recuperando.

Moví la cabeza.

—¿Por qué? ¿Por qué?

El jurista se rascó su abundante bigote que era en realidad una gruesa masa de pelos amarillos, negros y blancos que le cubrían ambos labios y acumulaban minúsculos residuos de comida. Regresó al tema que lo ocupaba. Disparó a bocajarro:

—Conviene que te declares culpable.

—¿Cómo?

—Es nuestra mejor opción.

—¿Por qué?

—El juicio en tu contra puede durar mucho tiempo y complicarse. Podrían condenarte a veinte años de cárcel o más, pero si aceptas haber cometido un delito menor y argumentamos tus limitaciones de responsabilidad, el juez dictará una sentencia corta y cerrará el caso.

—¡Nunca voy a admitir algo que no hice! Ya se lo expliqué. Me están acusando sin fundamento. Convoquemos a una rueda de prensa. A mí no me van a meter a la cárcel así nada más. Voy a decir la verdad. Que todo el mundo lo sepa.

El hombre se levantó a medias para inclinarse hacia mí. Refutó masticando su bigote con los incisivos inferiores:

—¿Y qué vas a decir? ¿Qué a tu novia, quien te traicionó con un funcionario público, le pediste que grabara a su amante cuando hacía malos manejos, pero ella se coludió con él y grabaron al presidente para hacerlo caer, y como llegaste amenazando de acusarlos de tener nexos con el narcotráfico te culparon de posesión de drogas? ¿Eso dirás?

—Más o menos.

—No es tan fácil Uziel. Lo de la grabación fue sólo un detonante… Todo estaba bien armado y sustentado desde antes.

En las últimas horas han salido a la luz datos de cuentas bancarias y documentos que hunden al presidente y protegen al funcionario que quieres atacar. Hay una revolución política en nuestro municipio. Los ganadores de esta revuelta no van a permitirte comparecer ante los medios, y si lo hicieras, nadie te creería. También tu caso está bien armado. Para el gobierno, eres un vendedor de drogas.

—¿De parte de quién está usted? ¿Quiere defenderme o destruirme?

Mi padre intervino.

—Si Uziel acepta ser culpable, ¿de cuánto estamos hablando?

—¿Dinero? Nada. El caso no alcanza fianza. Lo sentenciarán de cinco a siete años —y aclaró al detectar mi gesto altanero—, que pueden ser menos por buen comportamiento.

—¡No! —grité—. ¡No!

—Lo siento.

Me apreté la cabeza con ambas manos. El destino del hombre se gesta en la mente. Ahí se toman las buenas y las malas decisiones. «¡Haz algo! ¡Pronto!».

Mi padre y yo permanecimos petrificados por la noticia de mi inminente encarcelamiento. Alguien tocó a la puerta de la oficina. El abogado se puso de pie para abrir.

—Adelante, lo esperábamos.

Era el abuelo. Traía su boina inglesa en la mano. Entró encorvado, con pasos cautelosos. Mi primer impulso fue levantarme para abrazarlo y suplicarle ayuda, pero apenas me alcé un poco, volví a sentarme.

El abogado bigotudo quiso explicar los pormenores de mi problema otra vez. No se lo permití. En cuanto trató de acatar su arrogante papel protagónico, lo interrumpí y le di la espalda para hablar con mi abuelo:

—¿Qué le pasó a Saira? ¿Dónde la encontraste? ¿Por qué no nos dijiste que estaba contigo?

—Estos días han sido muy difíciles —contestó arrastrando las palabras.

—Y por lo visto se pondrán peor —contribuyó el abogado con una tonadita sarcástica que rayaba en sadismo.

Me molesté.

—Cállese, ¿quiere?

Escandalizado por mi desdén, se levantó de la silla.

—Voy a estar afuera unos minutos para cuando quieran que tratemos el asunto por el cual me contrataron.

El hombre salió y dio un portazo. Murmuré «imbécil».

Ese día cayó el velo de inocencia que tapaba mi entendimiento y vi los terribles efectos de la ineptitud profesional en el mundo. Hoy lo asevero sin el menor resquicio de duda. Yo no hubiera pasado por el infierno de la cárcel si aquel abogado hubiese sido más competente, si el funcionario que me acusó hubiese sido más íntegro, si los altos mandos del sistema penitenciario hubiesen dejado de orquestar prácticas de perversión... En todas las áreas de trabajo ocurren abusos y omisiones. Ante ello, sólo tenemos dos opciones: O nos hacemos los desentendidos, o nos convertimos en personas influyentes capaces de ayudar a la reconstrucción de la sociedad.

Me consta que, así como hay gente mala, también hay profesionistas respetables que han tomado la batuta en medios de comunicación, empresas y puestos políticos para crear conciencia social de legalidad y honestidad. La lucha de estos próceres contra la vileza enquistada, ha sido ardua y desesperante. ¡Pero hace mucha falta (demasiada) la participación de jóvenes estudiosos y preparados, capaces de sumarse a las buenas obras inconclusas! El país necesita reformas económicas, fiscales, laborales, energéticas. ¡Sangre joven debe participar en implementarlas y llevarlas a cabo! Los buenos deseos no sirven de nada. Se requieren títulos, documentos, respaldo, dinero limpio y eso sólo se logra *estudiando.*

Mis compañeros de rehabilitación parecían entre indignados y turbados (si tales epítetos pudiesen concederse a hombres fieros cuyo corazón se había hecho de piedra por los rigores de la cárcel).

De la misma forma como me había explayado durante varios minutos sin parar, me di cuenta de que ya no quería seguir. El ejercicio de recordar con detalle me había extenuado al grado de dificultarme la articulación de palabras. Había sido suficiente por ese día.

—¡Sigue, lampiño!

—¿Qué pasó con tu hermana?

—¿Qué explicaciones dio tu abuelo?

—Profesor —increpé desconociendo la petición de mis compañeros—. Estoy muy cansado, ¿puedo continuar otro día?

—De acuerdo, Uziel.

Hubo una exclamación grupal de protesta.

—Además —prosiguió el mentor—, hay otros temas que debemos tratar en esta reunión —los desacuerdos se acentuaron—. Ustedes hicieron un trabajo de investigación con todos los pormenores de aquello que les gustaría hacer cuando salgan de aquí. Estamos volviendo a soñar —regresó su vista a mí—. Perdiste varias sesiones, Uziel, y debes ponerte al corriente. Quiero que también tú hagas el ejercicio. Bien —se dirigió a los demás—. ¿a quién le toca exponer hoy?

Beto Marrano se puso de pie y habló. Nos enteramos de que ya no abrigaba esperanzas de convertirse en piloto. Ahora quería ser jugador de boliche profesional. En cuanto comenzó a exponer, se oyeron comentarios bromistas. Le llamaron chiflado, infantil y Beto Picapiedra. El moderador exigió respeto, pero ciertamente resultaba risible imaginarse a ese gordo expresidiario perfilándose como campeón de bolos.

Me pregunté a qué querría dedicarme si salía de la prisión. Con profunda vergüenza reconocí que, a pesar de todo lo que había vivido, seguía confundido con las múltiples opciones. Recordé el análisis de la maestra Lola. Cuando lo tuve en mis manos por segunda ocasión me cautivó. Quizá podía reconstruirlo. Siete mil libros en la biblioteca del presidio no eran pocos. Si me dedicaba en serio, daría vida a mi propio *análisis fundamental* para exponerlo en alguna sesión, sobre todo para entenderlo y vivirlo, aunque de manera tristemente extemporánea.

Con el paso de los años, la frágil tesis que redacté en la prisión desapareció, pero un escrito dio pie a otro; completé, modernicé e incluso comparé mis apuntes con los de la universidad a la cual ingresé después y de la que finalmente egresé. Todo para dar luz a un documento de suma importancia y singular valor.

Estoy convencido que pocos ejercicios pueden ser de mayor provecho para un joven que el *análisis fundamental* de carreras. Lo expuse en mi grupo de rehabilitación de la cárcel. Aunque el mentor se desvivió en halagos hacia mi trabajo, los compañeros internos reaccionaron con indiferencia. Ver expuestas tal número de opciones para estudiar, a Marranito, según él, le produjo dolor de cabeza. El resto refirió, bulliciosamente, achaques similares. Cuando supieron que las exposiciones teóricas habían terminado y que aún nos quedaban varios minutos de sesión, comenzaron a pedirme, con sus acostumbrados modismos inciviles, que les contara cuanto había sucedido con Saira y mi abuelo. Accedí. Después de todo, ese grupo de rufianes y yo estábamos de verdad rehabilitándonos.

20
EL DELITO DEL ABUELO

Aquella noche lluviosa, saliendo del karaoke bar, el abuelo me siguió por la calle durante pocos minutos, después, como movido por un presentimiento alarmante, dio la vuelta y regresó al antro.

Varios jóvenes que habían presenciado la reciente partida del Kia verde atiborrado de ocupantes chispos, estaban despidiéndose en la calle. El abuelo les preguntó:

—¿Alguno de ustedes sabe adónde fueron los muchachos del Kia?

Los clientes del bar se miraron entre sí con extrañeza, denotando incluso disfavor. «¿Qué quiere este ruco?», «no le hagan caso». El abuelo insistió y todos le dieron la espalda. Para su asombro, el vigilante del antro se acercó:

—¿Usted es familiar de la Saira?

—Sí. ¿Sabe a dónde se dirige?

—De seguro van rumbo al *Hotel del caminito*. Está en la carretera libre a Valle Alto. En el kilómetro catorce. Ahí hacen fiestas muy prendidas y alquilan cuartos baratos. Ya sabe. El chavo que va manejando se llama Paul. Está medio pasadito de copas. Paul es hijo del dueño de este lugar. ¡Dése prisa! Ojalá que no les suceda nada malo porque su papá me mataría.

El abuelo había comenzado a avanzar antes de que el vigilante, a quien de seguro después tuvieron que matar, terminara su explicación.

—Gracias —le dijo sacando la mano por la ventanilla.

Aceleró rumbo a la carretera de Valle Alto. Era angosta, vieja y sinuosa. Los jóvenes del Kia le llevaban diez minutos de ventaja, pero como se detuvieron en una tienda a comprar cervezas, les acortó la distancia. Eran pasadas de la media noche y estaba lloviendo, así que había poco tráfico en la carretera. Sólo traileres de carga y uno que otro autobús foráneo de infame calidad (los lujosos usaban siempre la autopista de cuota). Por más rápido que el abuelo manejó, nunca logró darles alcance, pero estuvo muy cerca, apenas a unas dos curvas de distancia cuando sucedió la tragedia. Se escuchó un ruido espeluznante. La inconfundible colisión de metales precedida de largos rechinidos agudos profanó la tranquilidad del aire.

El abuelo se encrespó, parpadeó y un bombazo de alta presión le agredió las sienes. Adivinó lo que había sucedido. Dos camiones de carga se detuvieron en la curva obstruyéndole el paso. No lo dudó ni un segundo. Bajó del auto y corrió. Vio lo que tanto temía. El compacto de los jóvenes estaba incrustado con un autobús en ángulo de cuarenta y cinco grados del lado frontal izquierdo. El motor había entrado al habitáculo de los pasajeros prensando al conductor. El asiento del copiloto, en cambio estaba casi intacto, pero vacío. Se aproximó tratando de localizar a su nieta. No la vio por ninguna parte. Intentó abrir las portezuelas. Imposible. Se habían fundido con la carrocería. Notó que la capota estaba abierta. Era, el único acceso al vehículo por el que podría iniciarse un rescate. Subió al cofre y se asomó al agujero del techo. En los derrapes previos a la colisión una persona de pie pudo haber salido volando por ahí. La noche era oscura y no distinguió los rostros de los ocupantes. Todos estaban inconscientes. Con gran agitación regresó a su auto y buscó su celular, los números de emergencias y una linterna. El chofer del trailer frente a él ya estaba llamando a la policía por su radio comunicador. No encontró la lámpara que necesitaba, pero había una cámara portátil. Sus atributos mentales estaban disminuidos por la pavura, y pensó, ilógicamente, que si disparaba la cámara, el brillo del flash le ayudaría a ver en la oscuridad. Regresó al sitio del accidente y apretó el obturador varias veces tratando de encontrar a su nieta. No le sirvió de nada. La luz del flash era muy rápida, deslumbrante y los ocupantes del vehículo aplastado, irreconocibles.

¡Cómo tardaban en llegar las ambulancias!

Habían pasado casi diez minutos desde el momento del choque cuando detectó algo que le heló la sangre.

Una sombra dentro de su auto.

Alguien había subido por la puerta lateral.

Se acercó de nuevo al coche, con pasos lentos. Pensó que el miedo le estaba jugando una terrible broma.

—¿Quién anda ahí? —quiso preguntar, pero su voz salió afónica, casi inaudible.

Al fin llegó al auto y sintió que el horror se confundía con esperanza. Una mujer sucia, enlodada, despeinada, y con la cara ensangrentada, lo miraba fijamente. Se había sentado dentro de su vehículo, en el lugar del copiloto. Abrió la portezuela y la luz interior se encendió. La mujer iba ataviada con un vestido rojo de satín.

—Vámonos —articuló pasmosamente como los muertos vivientes de películas terroríficas que ignoran su pavoroso aspecto—. Hay mucho tránsito en esta carretera.

—¡Hija! ¿Cómo? ¡Jesús! ¿Estás bien? ¿Me reconoces?

—Yo no quería venir a la boda. Hay demasiados coches.

Una rajadura en la parte lateral de su cabeza manaba sangre casi a borbollones. La hemorragia le escurría por la cara y el cuello, empapándole el vestido. La joven había salido volando por el capote del auto segundos antes de la colisión. El abuelo recostó a su nieta que parecía cataléptica y examinó su herida. Era profunda; después la miró a los ojos. Estaba en shock.

—¿Te duele alguna parte del cuerpo? ¿El estómago? ¿El pecho? ¿Las extremidades? ¿Respiras bien?

—Sólo tengo sueño. Bailé mucho en la fiesta de mi mamá. Quiero irme a dormir.

Él arrancó el motor y giró el volante. La llevaría al hospital. Sabía que no debía hacerlo. Por procedimientos médicos e incluso legales, era su obligación esperar las asistencias en el lugar del accidente, pero había demasiados heridos ahí, y los paramédicos suelen tener recursos limitados. Además seguían demorándose.

Aceleró regresando a la ciudad. Cruzó de frente con una fila de patrullas y ambulancias que ya venían.

Cuando llegó a la clínica particular, Saira seguía diciendo incoherencias. Él declaró que su nieta se había caído de la azotea. Sabía que los accidentes de tránsito conllevaban trámites de orden judicial y que él había cometido un ilícito al transportar por su cuenta a una lesionada. Al internarla, también cambió el nombre de la joven y el suyo propio. A pesar de haber mentido, exigió que le hicieran exámenes completos para descartar alguna fisura craneal. No encontraron nada de peligro. En efecto, el traumatismo le había producido una herida que precisó ser cosida y un chichón descomunal. Aunque su cerebro se había desconcertado, no había hemorragia interna. El resto de su cuerpo estaba ileso.

A las seis treinta de la mañana, el abuelo llamó por teléfono a la casa.

—Hola —contesté.

—Uziel. ¿Cómo estás? ¡Hablo por lo de Saira!

—Debe haberse ido con sus amigotes —dije casi a gritos—. La muy tonta olvidó su celular. ¡Abuelo, nuestra familia es un caos! Mi padre jamás me ha querido. No sé para qué me adoptó. Mi hermana es una arpía. No la soporto ni ella me soporta a mí. Entre nosotros no hay amor. No existe nada.

—Estás hablando sin pensar, Uziel.

—Es nuestra costumbre. Que bueno que puedes irte a un departamento aparte para descansar de nosotros. ¿Nos vemos pronto?

—Sí, hijo, nos vemos pronto.

El abuelo comprobó con profunda tristeza que yo tenía serias grietas en mi estima y que el único capaz de remendarlas era mi padre. Razonó también que si ambos ignorábamos la suerte y el paradero de Saira, tarde o temprano nos sentaríamos a reflexionar respecto al tesoro de tener una familia. ¡El desprendimiento y coraje escondido entre padre e hijo tenían que llegar a su fin! Quizá la consternación de saber a Saira perdida nos ayudaría. Pensó que si mi padre lloraba por su hija desaparecida y consideraba la posibilidad de que hubiera muerto, se enfrentaría al hecho de que su único consuelo y compañero sería yo... A mi vez extrañaría y valoraría a mi hermana, que siendo tan noble y creativa, distaba mucho de merecer el adjetivo de arpía.

Cuando me enteré de estos razonamientos me parecieron sensatos, pero después pensé diferente. Había algo enfermizo, intrínsecamente erróneo en lo que mi abuelo hizo. Jugó a ser Dios y, como le ocurre a todos los que ensayan con ese esparcimiento, acabó siendo expulsado de su paraíso.

La noche del accidente Saira durmió de corrido. Cuando despertó, seguía sin reconocer a nadie. Tenía amnesia retrógrada. El abuelo la sacó del hospital y la llevó a la clínica de su socio y amigo. Ahí la observó y la cuidó, pero su plan se complicó. Una mañana, Saira escapó de la clínica. El abuelo la buscó por toda la ciudad: en el karaoke bar, en el sitio del choque, en el hospital donde la atendieron de primera instancia. Como dejó pistas y recados, el policía que investigaba la desaparición de la chica desde el día del choque ató cabos y dedujo la extravagante infracción que había cometido aquel hombre al esconder a su nieta. Aún así, el abuelo pasó ese vía crucis solo, sin poder solicitar ayuda a las autoridades, obstinado en no revelar la verdad. Se arriesgó demasiado. Mientras vivía su propio infierno secreto yo construía el mío palmo a palmo. Papá, por su parte, trabajaba con mayor denuedo de día y consumía más benzodiacepina de noche.

Al fin, el abuelo encontró a Saira entre vagabundos, durmiendo debajo de un puente. Por fortuna, mi hermana no sufrió ataques ni daños mayores. Al rescatarla, la abrazó y lloró con ella. De vuelta a la clínica, en el auto, le habló con vehemencia, de forma desesperada. Le relató su vida, desde que nació hasta la fecha. Le describió todas las sensaciones olfativas, auditivas, visuales y gustativas que pudo. Trató de detallarle el aspecto (y tatuaje) de su novio Paul (sin decirle que había muerto), y exprimió su memoria al enumerar canciones y bailes que alguna vez la vio representar en un escenario... Fue entonces cuando Saira mostró sus primeros visos de conciencia.

—Paul. ¿Dónde está? Se va a enojar conmigo. No he ido a trabajar al karaoke bar.

—Despreocúpate, hija. Has estado enferma. Él comprenderá.

—¡Abuelo! ¿Por qué te ves tan ojeroso?

Comenzó a reír.

—Si supieras....

21
EL PARIETAL DE SAIRA
Decisiones cruciales

Fui sentenciado a diez años de prisión. Muchos factores desafortunados estimularon el brutal veredicto: las arteras mentiras de un funcionario ávido de poder, las sutiles marrullerías de una novia voluptuosa y la impericia de un abogado bigotudo que además de mediocre y narcisista había sentido por mí un rechazo espontáneo desde que me conoció. Mi abuelo y mi padre lo despidieron, por desgracia, después de que el daño ya estaba hecho.

Una licenciada joven y agraciada dio seguimiento a mi caso en un litigio poco esperanzador. Me visitó con periodicidad. Era casada, pero cada vez que llegaba a la prisión a ponerme al corriente de los exiguos progresos, me alegraba la semana. Yo me comportaba de forma galante, fantaseando de amor y erotismo. Supe a través de ella que hubo una balacera y varios muertos en uno de los antros protegidos por el Dire; la policía encontró droga y se inició un proceso de averiguación para detectar posibles alianzas de las autoridades con los dueños del antro. Después me informó que Fugeiro fue descubierto en vinculación con el crimen organizado. Cuando eso sucedió, la abogada logró reabrir mi caso ante los juzgados y trabajó arduamente para demostrar que había sido inculpado de manera arbitraria. Según me enteré, el proceso no fue fácil.

Un día llegó fuera de los horarios y días estipulados para visitas. No tuve tiempo de engalanarme. Cuando la vi proyectando una alegría tan desbordante, supe que había llegado al fin de mi suplicio.

—¡Uziel! ¡Lo logramos! —zarandeaba un papel con membrete oficial—. Aquí está. ¡Tu orden de liberación!

Traté por inercia de leer el documento, pero ella no dejaba de moverlo como si fuera el banderín de una porra deportiva.

—¡Estás libre! —repetía con una informalidad impropia de su envestidura—. Tenemos un nuevo fallo judicial. Tu sentencia se cortó. Mejor dicho, se canceló. Puedes tomar tus cosas y salir. Ahora mismo. Afuera te están esperando.

La noticia fue tan repentina que me di un gusto largamente anhelado. Abracé a mi abogada. Cuando lo hice lloré sonriendo y después sonreí llorando.

—¿Cómo lo consiguió?

—Ha sido un largo camino. Dale las gracias a tu padre.

—¿A mi padre? —protesté.

—Sí. Jamás lo hubiéramos logrado sin todo lo que hizo. Dejó el trabajo para dedicarse a tu defensa. Hipotecó su casa, pidió dinero prestado y emprendió muchas diligencias. Visitó funcionarios de Derechos Humanos, consiguió audiencias nacionales y aún internacionales, convenció a tu ex novia Lucy para que volviera a declarar y dijera la verdad, visitó programas de radio y televisión; se metió en problemas y hasta arriesgó su vida. Yo sólo fungí como asesora y comparsa detrás de él. ¡Estaba decidido a sacarte de la cárcel!

—¿Mi papá? —esta vez no protesté. Agradecí, pero no pude evitar que un fruncimiento involuntario delatara mi extrañeza—.

No lo puedo creer. Yo siempre pensé que todo el trabajo de mi defensa lo estaba haciendo usted sola.

—No. Lo más difícil lo hizo él.

—Pero jamás me demostró afecto.

—Uziel, hay personas a las que les cuesta trabajo mostrarse cariñosas, decir palabras de amor o dar abrazos, pero eso no significa que sean insensibles. En estos años he visto luchar a tu padre por ti, y puedo asegurarte que muy pocas personas en este mundo te aman como él.

No pude evitar que una repentina descarga de lágrimas inundara mis párpados. Es cierto que durante mi niñez y juventud me hicieron mucha falta los abrazos y caricias de mi papá, pero toda su parquedad quedaba ahora borrada y justificada ante la noticia de otras demostraciones (en especie y actos) de su amor por mí. Tragué saliva.

—¿Entonces, estoy libre?

—Sí, Uziel —puso una mano en mi hombro, con la confianza de alguien que se ha convertido en amiga—. Ve a recoger tus cosas. Báñate y rasúrate —me dio una bolsa de plástico con ropa limpia—. Deja atrás para siempre toda la mugre de este lugar. Mientras te arreglas, terminaré los papeleos. En una hora, si te parece bien, nos vemos aquí. Detrás de esa puerta —señaló hacia la calle—, hay varias personas que quieren recibirte.

Asentí.

—Gracias —un pensamiento enredoso me incomodó—. Lucy no está ahí ¿verdad? No quiero verla.

—Descuida. Ella se ha hecho a un lado de tu vida para siempre.

—¿Logró lo que quería?

—No. Con el ruido que hizo tu papá, se iniciaron nuevas investigaciones políticas. El señor Fugeiro Ramírez, acabó huyendo; está prófugo de la justicia. A Lucy la inculparon por encubrir los delitos de su jefe, pero alcanzó fianza. Ahora se dedica a coser ropa, con su madre. Si la llegas a ver, tal vez no la reconozcas. Se ha descuidado mucho. Ya no se arregla como antes y ganó más de diez kilos.

—Vaya. Cuántas sorpresas en sólo tres años.

Empacar mis pertenencias fue rápido. No tenía muchas. Desde que Dragón me despojó de los tesoros, decidí no guardar más. Había adquirido el hábito de leer a conciencia hasta fotografiar con la mente cartas, fotos y hojas que recibía para después romperlas. Aprendí a despojarme de todo lo material.

El último baño de agua fría en la prisión me supo a libertad. Cerré los ojos e imaginé con mucho más facilidad que otras veces, que estaba recibiendo el cristalino y refrescante chorro proveniente de una cascada natural en medio de la selva. Imaginé también sobre mi cabeza un cielo azul y despejado, con unos cuantos cirros, como plumas dibujadas por el pincel caprichoso de un pintor inteligente. Qué gran placer fue ponerme calzoncillos nuevos y camiseta de algodón. Cómo gocé quitándole a los calcetines la etiqueta de compra. El pantalón me quedó grande, aunque era de mi talla. Ni yo ni la persona que con tanta dedicación adquirió esas prendas en la tienda, sabíamos cuánto había adelgazado por las inclemencias de la prisión. No me despedí de nadie. Fue una de las omisiones de las que me arrepentí durante años. Mi liberación ocurrió a medio día, justo a la hora en que se llevaban a cabo cursos y talleres. Debí correr al sótano de la excocina para decirle adiós a mi mentor León, a Marranito y a todos los compañeros que tanto se indignaron con mi historia. Muchos de ellos eran hombres nobles. Les hubiera gustado desearme buena suerte.

Circulé por pasillos y esclusas sin voltear a los lados. Antes de salir, ya estaba decidido a olvidar. Firmé documentos, estampé huellas digitales y me dejé fotografiar, sin poner atención a los procedimientos. Mi mente volaba por otros espacios. La abogada me condujo hasta la última puerta del penal y dejó que pasara antes que ella.

Al primero que vi, fue a papá. Aunque ya no trabajaba en las fuerzas armadas se había puesto una casaca del ejército, corbata y camisa blanca. Jamás antes (ni después) lo vi vestido con tanta distinción. Recibir a su hijo en libertad, significaba el más importante acontecimiento de su existencia. Se lanzó hacia mí y me rodeó con sus fibrosos brazos. Esta vez no tuvo reparos en apretarme y sollozar. Seguía siendo un hombre parco, deshabituado al contacto físico, pero sus profundos sentimientos de entrega y cariño hacia su único hijo varón lo desarmaron... Estaba encumbrado en un gozo que no podía expresar, enardecido por una realidad que no acababa de asimilar.

—Estás libre, hijo. Libre, para siempre. Vivo. Bienvenido.

—Gracias, papá, gracias —el roce de su mejilla me raspó; alguno de los dos no había sido lo suficientemente escrupuloso al rasurarse—, te quiero. ¡Eres mi papá! —no pude evitar que el llanto me acorchara la lengua; repetí para dejar muy en claro mi legitimidad de hijo—. ¡Eres mi papá! Gracias por ser mi papá. No necesitamos hablar más. Algunos hombres somos mayormente diestros para comunicarnos sin palabras.

Después del prolongado abrazo con mi padre, Saira se me abalanzó. La llené de besos y acaricié su cabeza. Noté un abultamiento en su parietal izquierdo.

—¿Y este chichón?

—Se me quedó de recuerdo.

—¡Pero es enorme!

—¿Y cómo querías que fuera? Caí de cabeza en el pavimento después de volar por los aires un segundo antes que el autobús envistiera el auto en donde iba. Me salvé de milagro.

Volví a tocar la prominencia de su cráneo con suavidad y cariño.

—¿Por este chichoncito perdiste la memoria y la razón?

—Sí, pero no lo vas a creer —chanceó—, el golpe me afinó la voz. Ahora soy cantante oficial de todos los bares de karaoke y pienso concursar en *Latin American Idol.*

—¿De veras? —creí que hablaba en serio—. Qué bueno. Te felicito.

Soltó una carcajada animosa y traviesa.

—No, hombre, estoy bromeando. Me inscribí en la universidad. Voy en quinto semestre de la licenciatura en educación musical con orientación en danza contemporánea. Suena bien ¿no? He aprendido a caminar paso a paso, pero educándome.

—¿De veras ya no cantas?

—Alguien me dijo que desafino.

Moví la cabeza.

—Sólo en las notas altas.

—¿Crees que podría vestirme de hombre y cantar piezas para tenores?

—Hermana —volví a besarla en la mejilla sin quitar la mano de su abultamiento parietal—. Te quiero mucho.

—Bienvenido a la vida. Tú y yo somos dos resucitados.

A su lado estaba el abuelo. Lo abracé también. Mis tres años de ausencia, para él significaron, en detrimento físico, al menos seis. Los efectos de la artritis se le habían agudizado. Su espalda encorvada unos cuantos grados más y sus mejillas descarnadas que se habían dejado vencer por la fuerza de gravedad, le daban un aspecto enfermizo. Estaba notoriamente más delgado y bajo de estatura. Aún así, sus ojos reflejaban pujanza y fortaleza. El abuelo era un luchador, un soñador, un emprendedor. Su cuerpo podía estar ajado, pero su espíritu estaría en pie hasta el último de sus días. (Después me enteré que, aunque mi padre realizó todas las diligencias con las autoridades apelando justicia para mí, fue el abuelo quien financió hasta el último centavo; comprobé otra vez lo que todo el mundo sabe: conviene tener dinero, incluso si nuestro único propósito es ayudar al prójimo. Pocas empresas requieren más recursos que la de asistir a otros).

—Te tengo una mala noticia, abuelo. No voy a estudiar odontología —sus mejillas fláccidas se estiraron cuando sonrió—, pero tal vez elija una carrera relacionada con la ayuda a los jóvenes. No sé. Terapeuta, psicólogo o pedagogo. Se me ocurre que podríamos complementar tu clínica con despachos y consultorios afines.

—Haz lo que quieras con mi clínica. Siempre que sea para bien. Yo ya voy de salida.

Caminamos hacia la camioneta estacionada frente al penal. Antes de subir a ella, ocurrió algo inesperado. Había un enorme automóvil viejo del que salieron tres jovencitos de cabello lacio pegado con gomina. Tenían ojos vivarachos. Parecían tres pícaros del barrio que acabaran de bajarse de los árboles y hubieran sido restregados con estropajo y jabón por su madre antes de ser llevados a una importante recepción.

—Hola —me dijo el mayor; debía tener unos catorce años.

—Hola. ¿Quiénes son ustedes?

—Tus hermanos.

—Medios —corrigió el más pequeño—, medios hermanos.

La asistente ancestral de mi abuelo había salido detrás de los chicos.

—Zulu —la saludé, pero no corrí hacia ella.

—Uziel —dijo—, en tu escala de valores yo debo ser la última persona, sin embargo, quise venir a recibirte, porque para mí tú sí eres muy importante.

—Gracias Zulu.

Me acerqué, le di un beso en la mejilla y un breve abrazo. Percibí electricidad al momento de tocarla. Su sangre corría por mis venas. El cincuenta por ciento de mi ADN era de ella. No me dio cariño ni cuidados cuando más lo necesité. Pero me dio la vida.

Respiré hondo. El tema era difícil de asimilar. Me incliné para palmar a mis medios hermanos en un gesto de afecto varonil. Los rapaces traviesos me devolvieron los golpes, riendo.

Esa tarde fui con mi familia a un restaurante típico. Comí como cosaco y aunque no tomé alcohol, canté al son de la música tradicional festiva. Comuniqué a todos que gracias a haber recordado y realizado el *análisis fundamental,* una prueba de gran importancia consistente en tres ejercicios intuitivos, había decidido estudiar la carrera de pedagogía; trabajaría con jóvenes, les transmitiría lo que aprendí con tanto dolor y los ayudaría a visualizar su futuro.

Estaba tan alegre de recibir otra oportunidad que hablé mucho, pero todos mis comentarios redundaron en una sola idea: Vale la pena valorar la vida y aprender a tomar buenas decisiones, *sobre todo* cuando esas decisiones tienen el potencial de marcar nuestro futuro y definir nuestro destino, *sobre todo* cuando son cruciales.

22
ANÁLISIS FUNDAMENTAL

Este análisis consta de tres ejercicios intuitivos (no psicométricos) enfocados a que la persona se conozca y califique a sí misma. En combinación con otras evaluaciones técnicas que pueden ser sugeridas por profesores de *Plan de vida y carrera*, el presente documento tiene un gran potencial transformador. Realizar los ejercicios a conciencia, enfocándose en visualizar cada cuestionamiento con honestidad, puede significar un cambio para bien en el destino de la persona.

PRIMER EJERCICIO

Escribe un ensayo titulado *EL RESUMEN DE MI VIDA*. Detalla lo más importante que te ha sucedido (si puedes año por año) durante tu infancia y juventud, las actividades artísticas, deportivas y escolares que has efectuado con éxito, los problemas más graves que has tenido y cómo los superaste. Describe lo que te causa estrés o temor y aquello que te hace feliz. Enlista tus virtudes y manifiesta cuáles son tus sueños para el futuro. La redacción de este ensayo te permitirá lograr una visión clara de quien eres; lo que te gusta y disgusta, lo que te oprime y te enaltece, lo que has sido y serás.

Esta introspección escrita debe tener un mínimo de tres cuartillas y puede ser tan larga como desees.

Realiza el siguiente test de personalidad. Te ayudará a enfocarte en las carreras que más van contigo.

Califica del 1 al 5 (1 = «no tengo ningún rasgo» y 5 = «soy exactamente así»). Revisa después a qué carreras corresponden tus puntos más altos.

¿Cuáles de los siguientes es mi temperamento / carácter?

____ **SENSIBLE**. Tiendo a reflexionar en exceso. Me gustan las conversaciones profundas. Veo el mundo con un enfoque filosófico y trato siempre de obtener conclusiones morales. Me considero alguien compasivo, dispuesto a dar orientación.

____ **EMPRENDEDOR**. Siento que ejerzo liderazgo. Aporto ideas acerca de cómo hacer las cosas. Soy una persona activa, con metas claras y firmes. Me gusta asumir riesgos y tomar decisiones.

____ **INVESTIGADOR**. Indago a profundidad el origen y fin de las cosas. Soy observador y analítico. Todo lo cuestiono. Me gusta hacer preguntas. No me conformo con respuestas triviales.

____ **INTUITIVO**. No me gustan las reglas estrictas ni los métodos rígidos. Soy sensorial (olfativo, auditivo, visual), imaginativo, creativo; se me califica como soñador o fantasioso. Soy muy sensible al arte.

____ **ATLÉTICO**. Me gustan las actividades físicas. Me atraen los procesos mecánicos. Soy aventurero. Tengo altos niveles de dinamismo y adrenalina. Prefiero espacios abiertos. Me aburre estar sentado en una oficina.

____ PRÁCTICO. Me enfrento a los problemas rápido y los resuelvo. Analizo con la cabeza fría. Soy concreto. Hago justo lo que debo. No dudo. Me incomodan los enfoques sentimentales de las cosas. Me propongo metas realistas. Soy metódico y disciplinado.

____ SERVICIAL. Me preocupo por el bienestar de otras personas. Estoy atento a las necesidades ajenas. Me gusta dar consejos y apoyar a quien lo necesita. La gente se siente a gusto conmigo. Soy optimista.

____ EXPOSITOR. Me gusta discutir y exponer ideas. Sin querer termino siendo el centro de atención. Hablo claro. Tiendo a ser determinante, pero también escucho a los demás. Me gusta dar noticias.

____ CELOSO. Doy mucha importancia a "lo nuestro": símbolos, equipos, familia... Soy celoso de las buenas tradiciones. Promulgo la lealtad. Poseo sentido de pertenencia. No tengo problema en acatar reglas.

____ AMIGABLE. Me agrada estar en compañía. Rechazo la soledad. Tengo facilidad para integrarme a grupos sociales. Caigo bien. Puedo trabajar en equipo sin problemas.

____ OPERATIVO. Soy detallista y paciente. Hábil con las manos. Tengo facilidad para armar rompecabezas e ingenio al hacer reparaciones. Puedo manejar instrumentos, y me causa curiosidad cómo operan las máquinas.

____ COMERCIANTE. Se me dan los negocios con facilidad. Me importa la buena imagen, la posición económica y el estatus social. Soy organizado, realista y conservador.

___ **INTELECTUAL**. Mi herramienta principal es el pensamiento. Me gusta leer y resumir libros. Disfruto escribiendo y haciendo actividades de escritorio. «El saber» es un valor supremo para mí.

___ **NATURALISTA**. Me agrandan las actividades al aire libre. Me identifico con la naturaleza; plantas y animales. Me preocupa el medio ambiente y el equilibrio ecológico.

___ **EJECUTIVO**. Sé motivar a los demás. Soy entusiasta y convenzo con facilidad. Sé delegar funciones, repartir trabajos y observar su cumplimiento.

RESULTADOS DEL TEST:

Las carreras que se relacionan mejor con tus rasgos de personalidad son:

Sensible: *psicología, trabajo social, pedagogía, filosofía, antropología, teología, letras, arte, etc. (Áreas de arte y cultura, docencia y conducta humana, comunicación y lingüística).*

Emprendedor: *administración de empresas, ingeniería industrial, economía, mercadotecnia, organización de eventos, gastronomía, arquitectura, etc. (Áreas de ciencias económico administrativas, arquitectura e ingeniería).*

Investigador: *abogado, carreras policíacas, investigador privado; matemáticas, filosofía, y en general carreras científicas y humanísticas en investigación. (Áreas de ciencias políticas, docencia y conducta humana, ciencias biológicas, ciencias de la salud, ciencias sociales y ciencias exactas).*

Intuitivo: *música, canto, actuación, artes plásticas, pintura, escultura, teatro, cine, televisión, literatura, medios audiovisuales. (Áreas de arte y cultura, comunicación y lingüística).*

Atlético: *educación física, oceanografía, carreras policíacas o militares y algunas especialidades en ingeniería como naval o aeronáutica. (Áreas de docencia, turismo y recreación, ciencias agropecuarias y ambientales).*

Práctico: *ingenierías, agronomía, biología, economía, finanzas, actuaría, actividades tecnológicas. (Áreas de ingeniería, ciencias agropecuarias y ambientales, ciencias biológicas, ciencias económico administrativas).*

Servicial: *psicología, ciencias sociales y políticas, carreras policiales, trabajo social, pedagogía, carreras relacionadas con terapias o medicina (Áreas de docencia y conducta humana, comunicación, ciencias sociales, ciencias legales y políticas, ciencias de la salud).*

Expositor: *dramaturgia, actuación, pedagogía, ciencias de la comunicación, periodismo, comunicación audiovisual, derecho, relaciones públicas. (Áreas de arte y cultura, docencia y conducta humana, comunicación y lingüística, ciencias legales y políticas, ciencias económico administrativas).*

Amigable: *publicidad, cine, televisión, radio, periodismo, ciencias de la comunicación, actuación, relaciones públicas y afines. (Áreas de comunicación y lingüística, ciencias económico administrativas).*

Celoso: *contabilidad, medicina, leyes, ciencias políticas y la mayoría de las carreras relacionadas con el ejército, el gobierno o la banca. (Áreas económico administrativa, ciencias legales y políticas).*

Operativo: *ingenierías de todo tipo, escultura, diseño, pintura, alfarería, agricultura, agronomía y algunas ramas de la medicina tales como la odontología y cirugía. (Áreas de ingeniería, arte y cultura, arquitectura y diseño, agropecuarias y ambientales, ciencias de la salud).*

Comerciante: *contabilidad, administración de empresas, leyes, carreras comerciales. (Áreas económico administrativa, ciencias legales y políticas).*

Intelectual: *ciencias exactas; matemáticas, química, física, idiomas, filosofía, lingüística, literatura, historia, geografía. (Áreas de ciencias exactas, comunicación y lingüística, ciencias sociales, arte y cultura).*

Naturalista: *ecología, veterinaria, agronomía, zoología, zootecnia, acuicultura, geología y una amplia variedad concernientes al medio ambiente. (Áreas de ciencias agropecuarias y ambientales, ciencias biológicas y de la salud).*

Ejecutivo: *ingeniería civil, arquitectura, administración, trabajo social, pedagogía, ciencias políticas, publicidad. (Áreas de ingeniería, arquitectura, ciencias económico administrativas, docencia y conducta humana, ciencias legales y políticas).*

Con base en los resultados de los dos ejercicios anteriores, selecciona de entre las 75 carreras generales todas las que puedan interesarte (Incluye las que no conozcas). Lee detenidamente en qué consisten y visualízate convertido en profesionista de cada una. Concéntrate en calificar con cuidado LOS DIEZ ASPECTOS BÁSICOS de las carreras de tu interés.

Usa escala del 1 al 5.

5 = ¡LO MÁXIMO!
4 = Mucho
3 = Regular
2 = Poco
1 = ¡PARA NADA!

LAS DIEZ PREGUNTAS A CALIFICAR:

1. ¿SOY APTO? ¿Tengo talento y habilidades? Califica las competencias que percibes en ti para realizar con destreza esa carrera.

2. ¿ME INTERESA? Califica cuanto te gusta e interesa algo así. ¿Quisieras entrenar, leer libros e investigar a fondo en esa rama?

3. ¿TENDRÉ APOYO? Califica cuanta ayuda de otras personas, puertas abiertas y facilidades para estudiar y ejercer tendrías si eliges una carrera así.

4. ¿ES MI LLAMADO? Califica qué tanto, tu pasado, experiencias únicas y aquello que sientes como un «llamado interno» coincide con esta carrera.

5. ¿VA CONMIGO? ¿Mi carácter y temperamento se llevan con esa actividad? Califica qué tanto la carrera va de acuerdo a tu personalidad.

6. ¿ES FLEXIBILE? Califica cuántas aplicaciones diferentes, posibilidades variadas y opciones de trabajo en diferentes ciudades y países te da esa carrera.

7. ¿HAY TRABAJO? Califica cuánta necesidad de tus servicios habrá, o lo que es lo mismo, cuantas oportunidades de empleo o negocios tendrás.

8. ¿ES RENTABLE? Califica qué potencial de ganar dinero te da esa opción.

9. ¿ES MERITORIA? Califica qué tanto orgullo te produciría que tu nombre se fusione para siempre con esa profesión.

10. ¿ES APASIONANTE? Califica qué tanta disposición tendrías para trabajar en esto a pesar de escasez, crisis, peligro o aún sacrificando tu tiempo libre.

Nota: Entre diferentes países y universidades existen variaciones respecto a los GRUPOS DE CLASIFICACIÓN de carreras; por tal motivo en el siguiente análisis se realizó la clasificación más apegada posible a los estándares internacionales. Las 75 carreras generales son las más importantes que existen en el mundo profesional. De ellas se derivan otras con nombres similares según el énfasis y el criterio de cada país o escuela. También es importante señalar que surgen carreras nuevas cada día.

1. ARQUITECTURA

(Construcción, decoración, diseño de interiores)

El profesionista dirige la construcción de casas, edificios y espacios de convivencia; para ello hace proyectos, planos, presupuestos, trámites. Puede trabajar en constructoras, empresas de mantenimiento, decoración, fabricación de muebles; inmobiliarias, etc. Requiere gusto por matemáticas, dibujo, computación, software, contabilidad, administración, trabajo en equipo; tener don de mando, expresión verbal y escrita.

1. ¿Soy apto?	2. ¿Me interesa?	3. ¿Tendré apoyo?	4. ¿Es mi llamado?	5. ¿Va conmigo?
6. ¿Es flexible?	7. ¿Hay trabajo?	8. ¿Tendré apoyo?	9. ¿Es meritoria?	10. ¿Me apasiona?

2. PLANEACIÓN TERRITORIAL Y URBANISMO

El profesionista diseña espacios urbanos o rurales; resuelve problemas de uso y reserva del suelo, vialidad, transportes, servicios públicos y distribución poblacional. Puede trabajar en dependencias públicas, constructoras. Requiere gusto por las matemáticas, arquitectura, geografía; deseo de aprender sobre asentamientos rurales, políticas estatales, planeación, relaciones humanas.

1. ¿Soy apto?	2. ¿Me interesa?	3. ¿Tendré apoyo?	4. ¿Es mi llamado?	5. ¿Va conmigo?
6. ¿Es flexible?	7. ¿Hay trabajo?	8. ¿Tendré apoyo?	9. ¿Es meritoria?	10. ¿Me apasiona?

3. DISEÑO GRÁFICO

(Animación, arte digital, publicidad,
multimedia, comunicación visual)

El profesionista hace diseños de publicidad, forma libros y revistas, edita y produce videos, diseña sitios web, prepara y supervisa la impresión o fabricación de productos diseñados. Puede trabajar en editoriales, empresas de publicidad, multimedia, de artes gráficas, de impresión electrónica, etc. Requiere aprender a manejar tecnología, fotografía, pintura; debe ser creativo, sensible a la comunicación no verbal, sensible al arte y la cultura.

1. ¿Soy apto?	2. ¿Me interesa?	3. ¿Tendré apoyo?	4. ¿Es mi llamado?	5. ¿Va conmigo?

6. ¿Es flexible?	7. ¿Hay trabajo?	8. ¿Tendré apoyo?	9. ¿Es meritoria?	10. ¿Me apasiona?

4. DISEÑO INDUSTRIAL

(o de mobiliario)

El profesionista desarrolla o mejora productos de fabricación industrial o artesanal. Puede trabajar en empresas que fabriquen piezas; constructoras, manufactureras, despachos de diseño, de espacios inteligentes, etc. Requiere creatividad, habilidad manual, saber convencer, capacidad de trabajo en equipo, gusto por la física, matemáticas, computación, geometría dibujo, fotografía.

1. ¿Soy apto?	2. ¿Me interesa?	3. ¿Tendré apoyo?	4. ¿Es mi llamado?	5. ¿Va conmigo?

6. ¿Es flexible?	7. ¿Hay trabajo?	8. ¿Tendré apoyo?	9. ¿Es meritoria?	10. ¿Me apasiona?

5. DISEÑO DE MODA Y VESTIDO

El profesionista diseña ropa y sus expresiones de moda; genera estilos de vestir, elabora prendas para exhibición en pasarela. Puede trabajar en empresas de confección textil, alta costura, teatros y productoras de cine, de imagen de moda. Requiere gusto por dibujo, cultura, tendencias de la moda, sentido del color, habilidades prácticas que pueden ser aprendidas (coser, tejer, cortar, bordar, tallar, entre otras), curiosidad, paciencia, etc.

1. ¿Soy apto?	2. ¿Me interesa?	3. ¿Tendré apoyo?	4. ¿Es mi llamado?	5. ¿Va conmigo?
6. ¿Es flexible?	7. ¿Hay trabajo?	8. ¿Tendré apoyo?	9. ¿Es meritoria?	10. ¿Me apasiona?

ARTE Y CULTURA

6. ARTE DRAMÁTICO Y ACTUACIÓN

El profesionista promueve y difunde la actuación teatral; dirige puestas en escena, pone coreografías; actúa. Puede trabajar en teatros, cine, televisión, instituciones de difusión cultural y educativa. Requiere ser extrovertido, improvisador, tener buena modulación y tono de voz, improvisador, excelente expresión corporal, saber trabajar en equipo, buena expresión verbal y escrita.

1. ¿Soy apto?	2. ¿Me interesa?	3. ¿Tendré apoyo?	4. ¿Es mi llamado?	5. ¿Va conmigo?
6. ¿Es flexible?	7. ¿Hay trabajo?	8. ¿Tendré apoyo?	9. ¿Es meritoria?	10. ¿Me apasiona?

7. ARTES PLÁSTICAS

El profesionista realiza pinturas, esculturas y grabados. Puede trabajar en museos, galerías de arte, producción artística propia, instituciones dedicadas a la promoción cultural, escuelas. Requiere ser creativo, innovador, tener sentido del espacio, talento para pintar, perfeccionismo, sensibilidad al arte y la cultura, percepción del color y de la geometría.

1. ¿Soy apto?	2. ¿Me interesa?	3. ¿Tendré apoyo?	4. ¿Es mi llamado?	5. ¿Va conmigo?

6. ¿Es flexible?	7. ¿Hay trabajo?	8. ¿Tendré apoyo?	9. ¿Es meritoria?	10. ¿Me apasiona?

8. MÚSICA

(Concertista, compositor, cantante)

El profesionista ejecuta música con el dominio de uno o más instrumentos, entre los que puede incluirse la voz. Puede también componer, producir y enseñar música. Puede trabajar en grupos musicales, orquestas, coros, como cantante solista contemporáneo o de ópera, como productor, compositor, director, arreglista, docente, realizando musicalizaciones para cine, teatro, televisión. Requiere ser muy sensible al arte, a la música, dominar el lenguaje musical, excelente percepción auditiva, sentido del ritmo, afinación y armonía, talento interpretativo, capacidad de trabajar en equipo, ser disciplinado y muy estudioso.

1. ¿Soy apto?	2. ¿Me interesa?	3. ¿Tendré apoyo?	4. ¿Es mi llamado?	5. ¿Va conmigo?

6. ¿Es flexible?	7. ¿Hay trabajo?	8. ¿Tendré apoyo?	9. ¿Es meritoria?	10. ¿Me apasiona?

9. DANZA / BAILE

El profesionista crea coreografías para grupos de baile, realiza ejecuciones de danza, producción y montaje escénico. Puede trabajar en ccompañías de danza, como crítico en medios impresos o audiovisuales, en instituciones educativas de danza y artes escénicas. Requiere excelente condición física, disciplina, elasticidad, flexibilidad, sensibilidad a las expresiones artísticas.

1. ¿Soy apto?	2. ¿Me interesa?	3. ¿Tendré apoyo?	4. ¿Es mi llamado?	5. ¿Va conmigo?

6. ¿Es flexible?	7. ¿Hay trabajo?	8. ¿Tendré apoyo?	9. ¿Es meritoria?	10. ¿Me apasiona?

10. HISTORIA DEL ARTE Y LA CULTURA

(Restauración de bienes culturales, patrimonios artísticos)

El profesionista comprende EL ARTE en sus distintas manifestaciones, en cada pueblo y en distintos periodos de tiempo. Difunde, restaura y conserva los bienes artísticos que conforman el patrimonio cultural. Puede trabajar en museos e instituciones culturales, de turismo, de arte, centros de investigación, escuelas, compañías artísticas, galerías de arte, archivos documentales, talleres privados de restauración, centros de investigación. Requiere apreciar las artes y la cultura, gusto por la historia, antropología, arqueología, legislaciones del patrimonio cultural, estética, crítica del arte, conocer varios idiomas y dialectos, etc.

1. ¿Soy apto?	2. ¿Me interesa?	3. ¿Tendré apoyo?	4. ¿Es mi llamado?	5. ¿Va conmigo?

6. ¿Es flexible?	7. ¿Hay trabajo?	8. ¿Tendré apoyo?	9. ¿Es meritoria?	10. ¿Me apasiona?

11. CIENCIAS POLÍTICAS

El profesionista estudia los fenómenos político sociales nacionales e internacionales. Puede trabajar en el gobierno (federal, estatal y municipal), organizaciones sociales, empresas de asesoría en las relaciones con el gobierno. Requiere tener excelente expresión oral y escrita, habilidad mental, buen manejo de las relaciones interpersonales, saber negociar, ser observador, solidario, buen lector, gusto por aprender filosofía, política, economía, administración de empresas y organismos públicos, derecho, sistemas políticos y electorales, etc.

1. ¿Soy apto?	2. ¿Me interesa?	3. ¿Tendré apoyo?	4. ¿Es mi llamado?	5. ¿Va conmigo?
6. ¿Es flexible?	7. ¿Hay trabajo?	8. ¿Tendré apoyo?	9. ¿Es meritoria?	10. ¿Me apasiona?

12. CARRERAS POLICIACAS O MILITARES

El profesionista esta encargado de la prevención e investigación de delitos mediante la vigilancia, seguridad, aplicación de justicia y protección de la población. Puede trabajar en el ejército, gobierno (federal, estatal y municipal), vigilancia privada, organismos de investigación, etc. Requiere buena condición física, técnicas y habilidades para enfrentarse a delincuentes, actitud de servicio, honestidad, respeto al marco legal, etc.

1. ¿Soy apto?	2. ¿Me interesa?	3. ¿Tendré apoyo?	4. ¿Es mi llamado?	5. ¿Va conmigo?
6. ¿Es flexible?	7. ¿Hay trabajo?	8. ¿Tendré apoyo?	9. ¿Es meritoria?	10. ¿Me apasiona?

13. DERECHO

El profesionista conoce, interpreta y aplica las leyes, resuelve problemas jurídicos, lleva juicios ante los juzgados y emite dictámenes referentes a la ley. Puede trabajar en secretarías de estado, procuradurías de justicia, despachos de abogados, notarías, litigando de forma independiente, en la docencia e investigación. Requiere ser honesto, solidario, activo, tener excelente expresión verbal y escrita; dominar códigos legales, sistemas jurídicos, etc.

1. ¿Soy apto?	2. ¿Me interesa?	3. ¿Tendré apoyo?	4. ¿Es mi llamado?	5. ¿Va conmigo?

6. ¿Es flexible?	7. ¿Hay trabajo?	8. ¿Tendré apoyo?	9. ¿Es meritoria?	10. ¿Me apasiona?

14. CRIMINALISTICA Y CIENCIAS FORENSES

El profesionista es básicamente un licenciado en leyes especializado en la investigación científica del delito. Puede trabajar en técnicas forenses, investigación de delitos, identificación de víctimas y victimarios, etc. Requiere los conocimientos de un abogado y en su caso de un médico o investigador específico para el área criminalística que elija.

1. ¿Soy apto?	2. ¿Me interesa?	3. ¿Tendré apoyo?	4. ¿Es mi llamado?	5. ¿Va conmigo?

6. ¿Es flexible?	7. ¿Hay trabajo?	8. ¿Tendré apoyo?	9. ¿Es meritoria?	10. ¿Me apasiona?

DOCENCIA Y CONDUCTA HUMANA

15. FILOSOFÍA

El profesionista es experto en comprender el pensamiento humano.

Puede trabajar como asesor de conducta, cultura y desarrollo social, en diferentes dependencias, centros de investigación, instituciones educativas, etc. Requiere ser analítico, crítico, reflexivo, que le guste la lectura, la cultura y la historia.

1. ¿Soy apto?	2. ¿Me interesa?	3. ¿Tendré apoyo?	4. ¿Es mi llamado?	5. ¿Va conmigo?
6. ¿Es flexible?	7. ¿Hay trabajo?	8. ¿Tendré apoyo?	9. ¿Es meritoria?	10. ¿Me apasiona?

16. PSICOLOGÍA

(Clínica, educativa, industrial, social, neurolinguística, etc.)

El profesionista estudia el comportamiento humano, detecta y ayuda a resolver trastornos que afectan el aprendizaje, la integración familiar, el clima organizacional, conflictos sociales. Puede trabajar en el área clínica (consultorios), educativa (escuelas, hospitales), social (centros de integración familiar, de readaptación social), laboral (empresas), etc. Requiere tener interés por el comportamiento humano, tolerancia y respeto, discreción; saber comunicarse, ser persuasivo, sensible, analítico, crítico y reflexivo.

1. ¿Soy apto?	2. ¿Me interesa?	3. ¿Tendré apoyo?	4. ¿Es mi llamado?	5. ¿Va conmigo?
6. ¿Es flexible?	7. ¿Hay trabajo?	8. ¿Tendré apoyo?	9. ¿Es meritoria?	10. ¿Me apasiona?

17. SOCIOLOGÍA

El profesionista es experto en el comportamiento de los grupos sociales frente a necesidades y desafíos en relación con su entorno. Puede trabajar en empresas de estadísticas demográficas, de estudios de mercado, centros de investigación social, instituciones educativas, etc. Requiere conocer historia, política, antropología social, psicología social, demografía, geografía humana, ser observador, solidario, etc.

1. ¿Soy apto?	2. ¿Me interesa?	3. ¿Tendré apoyo?	4. ¿Es mi llamado?	5. ¿Va conmigo?
6. ¿Es flexible?	7. ¿Hay trabajo?	8. ¿Tendré apoyo?	9. ¿Es meritoria?	10. ¿Me apasiona?

18. TEOLOGÍA

El profesionista estudia religión; el pensamiento y las tradiciones religiosas. Puede trabajar en organizaciones religiosas y en la enseñanza. Es frecuente que la formación en teología sea una etapa para ordenarse como sacerdote, religioso de alguna congregación o pastor de una de las iglesias protestantes. Requiere ser altruista, tener actitud de servicio, gusto por la lectura, interés por interpretar textos bíblicos, excelente expresión oral y escrita.

1. ¿Soy apto?	2. ¿Me interesa?	3. ¿Tendré apoyo?	4. ¿Es mi llamado?	5. ¿Va conmigo?
6. ¿Es flexible?	7. ¿Hay trabajo?	8. ¿Tendré apoyo?	9. ¿Es meritoria?	10. ¿Me apasiona?

19. TRABAJO SOCIAL

El profesionista identifica, atiende y propone soluciones a la problemática de las personas para integrarse a la sociedad. Puede trabajar en entidades encargadas de brindar apoyo a los grupos sociales menos favorecidos, instituciones de asistencia social, asociaciones civiles, centros de readaptación social, centros de investigación, escuelas, etc. Requiere ser solidario, humanista, observador, paciente, tolerante, servicial; conocer economía, historia, antropología, problemática social, psicología y salud mental, comunicación, derechos humanos, etc.

1. ¿Soy apto?	2. ¿Me interesa?	3. ¿Tendré apoyo?	4. ¿Es mi llamado?	5. ¿Va conmigo?
6. ¿Es flexible?	7. ¿Hay trabajo?	8. ¿Tendré apoyo?	9. ¿Es meritoria?	10. ¿Me apasiona?

20. PEDAGOGÍA

(Formación docente, educación, administración
educativa, innovación educativa, ciencias de la familia)

El profesionista enseña y perfecciona los métodos de aprendizaje. Puede trabajar en la docencia, instituciones educativas públicas o privadas, administración escolar, investigación, diseño de proyectos escolares, etc. Requiere gusto por áreas como psicología, filosofía, didáctica, técnicas de enseñanza; ser creativo, observador, tolerante, crítico, con buena expresión verbal y escrita, improvisador, etc.

1. ¿Soy apto?	2. ¿Me interesa?	3. ¿Tendré apoyo?	4. ¿Es mi llamado?	5. ¿Va conmigo?
6. ¿Es flexible?	7. ¿Hay trabajo?	8. ¿Tendré apoyo?	9. ¿Es meritoria?	10. ¿Me apasiona?

21. EDUCACIÓN FÍSICA Y DEPORTIVA

(Tiempo libre, recreación, entrenamiento)

El profesionista contribuye el desarrollo de la cultura física y deportiva, enseñando deporte y creando programas deportivos. Puede trabajar en clubes deportivos, gimnasios, campamentos, centros turísticos y vacacionales, escuelas, entidades responsables del deporte. Requiere hábitos saludables, saber anatomía, fisioterapia, nutrición, primeros auxilios, preparación física, actividades acuáticas, psicología, pedagogía, etc.

1. ¿Soy apto?	2. ¿Me interesa?	3. ¿Tendré apoyo?	4. ¿Es mi llamado?	5. ¿Va conmigo?
6. ¿Es flexible?	7. ¿Hay trabajo?	8. ¿Tendré apoyo?	9. ¿Es meritoria?	10. ¿Me apasiona?

22. ENSEÑANZA DE LENGUAS EXTRANJERAS

El profesionista domina distintos idiomas y conoce las dificultades que presenta el aprendizaje de cada uno, para poder enseñar de la mejor manera a los alumnos. Puede trabajar en instituciones educativas, empresas de enseñanza de lenguas extranjeras. Requiere tener buena expresión verbal y escrita, disfrutar de otras lenguas diferentes a la suya, buen manejo de las relaciones interpersonales, capacidad para enseñar, etc.

1. ¿Soy apto?	2. ¿Me interesa?	3. ¿Tendré apoyo?	4. ¿Es mi llamado?	5. ¿Va conmigo?
6. ¿Es flexible?	7. ¿Hay trabajo?	8. ¿Tendré apoyo?	9. ¿Es meritoria?	10. ¿Me apasiona?

COMUNICACIÓN Y LINGÜÍSTICA

23. CIENCIAS DE LA COMUNICACIÓN / PERIODISMO

El profesionista planea y opera sistemas de comunicación mediante el dominio del lenguaje oral, escrito y audiovisual. Puede trabajar en radio y televisión como locutor de radio, comentarista, creador de espacios, programación, producción; en editoriales, periódicos o Internet, como editor, reportero, escritor; dirigiendo agencias de publicidad, despachos independientes, etc. Requiere ser muy extrovertido, seguro de sí mismo, tener excelente expresión verbal y escrita, ser crítico, observador, dinámico, manejar tecnologías digitales y de comunicación, saber mercadotecnia, periodismo, fotografía, etc.

1. ¿Soy apto?	2. ¿Me interesa?	3. ¿Tendré apoyo?	4. ¿Es mi llamado?	5. ¿Va conmigo?
6. ¿Es flexible?	7. ¿Hay trabajo?	8. ¿Tendré apoyo?	9. ¿Es meritoria?	10. ¿Me apasiona?

24. COMUNICACIÓN AUDIOVISUAL

(Cine y televisión)

El profesionista realiza proyectos para cine y televisión en áreas como producción, sonido, edición, realización de guiones, fotografía, dirección y filmación. Puede trabajar en empresas de televisión, estudios cinematográficos, de publicidad, de medios audiovisuales y centros de educación. Requiere ser creativo, trabajar bajo presión, saber fotografía, análisis cinematográfico, imagen, dirección de personas, manejo de software, arte, comunicación, psicología, percepción para la iluminación y el sonido, etc.

1. ¿Soy apto?	2. ¿Me interesa?	3. ¿Tendré apoyo?	4. ¿Es mi llamado?	5. ¿Va conmigo?
6. ¿Es flexible?	7. ¿Hay trabajo?	8. ¿Tendré apoyo?	9. ¿Es meritoria?	10. ¿Me apasiona?

25. LETRAS Y LITERATURA

(Creación literaria, letras clásicas, letras hispánicas y otras)

El profesionista es experto en crítica y expresión escrita. Domina la lectura y escritura de todos los géneros literarios. Puede trabajar como guionista de cine y televisión, novelista, dramaturgo, ensayista, poeta, cuentista, crítico literario, articulista, reportero; puede también trabajar en la industria editorial de libros, revistas o periódicos. Requiere tener un excelente hábito de lectura, excelente expresión escrita, , análisis de la lengua y literatura, teoría literaria, análisis de textos, apreciación por el arte y la cultura, etc.

1. ¿Soy apto?	2. ¿Me interesa?	3. ¿Tendré apoyo?	4. ¿Es mi llamado?	5. ¿Va conmigo?

6. ¿Es flexible?	7. ¿Hay trabajo?	8. ¿Tendré apoyo?	9. ¿Es meritoria?	10. ¿Me apasiona?

26. LINGÜÍSTICA

El profesionista es un intelectual de la lengua. Puede descifrar mensajes escritos y verbales, fungir como consultor en situaciones de comunicación, preparar textos indígenas bilingües como apoyo para alfabetizaciones. Puede trabajar en centros de investigación, instituciones educativas, dependencias de sector público dedicadas a la preservación del patrimonio lingüístico. Requiere apreciar las artes, la cultura, y la literatura; buena dicción, buena ortografía, altruismo, ser una persona reflexiva, con hábito de la lectura, etc.

1. ¿Soy apto?	2. ¿Me interesa?	3. ¿Tendré apoyo?	4. ¿Es mi llamado?	5. ¿Va conmigo?

6. ¿Es flexible?	7. ¿Hay trabajo?	8. ¿Tendré apoyo?	9. ¿Es meritoria?	10. ¿Me apasiona?

27. TRADUCCIÓN

(Idiomas, interpretación)

El profesionista convierte expresiones escritas y orales de un idioma a otro. Puede trabajar como intérprete oral o traductor de textos escritos en organismos internacionales, embajadas, empresas especializadas, organizadoras de congresos y eventos internacionales, en editoriales, agencias turísticas, medios de comunicación, etc. Requiere habilidad para las lenguas extranjeras, dominar varias; tener una cultura general muy amplia, buena expresión verbal y escrita, etc.

1. ¿Soy apto?	2. ¿Me interesa?	3. ¿Tendré apoyo?	4. ¿Es mi llamado?	5. ¿Va conmigo?
6. ¿Es flexible?	7. ¿Hay trabajo?	8. ¿Tendré apoyo?	9. ¿Es meritoria?	10. ¿Me apasiona?

INGENIERÍAS

28. INGENIERÍA CIVIL

(Ingeniero de la construción, topógrafo, geodesta, etc.)

El profesionista es un experto matemático en problemas de desarrollo urbano y rural; construye, conserva y opera las obras de infraestructura civil (carreteras, calles, jardines, edificios, ciudades). Puede trabajar en empresas constructoras, despachos especializados en costos, peritajes, elaboración de licitaciones, dependencias públicas, instituciones de educación, etc. Requiere ser buen negociador, gusto por matemáticas, química, física, inglés, dibujo, computación, geología, mecánica, tecnología del concreto y de la construcción, etc.

1. ¿Soy apto?	2. ¿Me interesa?	3. ¿Tendré apoyo?	4. ¿Es mi llamado?	5. ¿Va conmigo?
6. ¿Es flexible?	7. ¿Hay trabajo?	8. ¿Tendré apoyo?	9. ¿Es meritoria?	10. ¿Me apasiona?

29. INGENIERÍA EN TELECOMUNICACIONES

<u>El profesionista</u> es un experto matemático en sistemas de telecomunicaciones y electrónica (TV, HI FI, radio televisión). <u>Puede trabajar en</u> empresas fabricantes de equipos electrónicos de telecomunicaciones, como operadores de telecomunicación, consultor independiente. <u>Requiere</u> tener interés por la tecnología, habilidad numérica y matemática, habilidad manual, etc.

1. ¿Soy apto?	2. ¿Me interesa?	3. ¿Tendré apoyo?	4. ¿Es mi llamado?	5. ¿Va conmigo?
6. ¿Es flexible?	7. ¿Hay trabajo?	8. ¿Tendré apoyo?	9. ¿Es meritoria?	10. ¿Me apasiona?

30. INGENIERÍA EN SISTEMAS COMPUTACIONALES
(Cibernética, tecnología de la información)

<u>El profesionista</u> es un experto matemático en servicios computacionales. <u>Puede trabajar</u> programando sistemas de computación, construyendo computadoras, instalando redes, diseñando, desarrollando, e implantando todo lo referente a las computadoras. <u>Requiere</u> gusto por la computación, matemáticas, electrónica, administración, procesos de trabajo en empresas, etc.

1. ¿Soy apto?	2. ¿Me interesa?	3. ¿Tendré apoyo?	4. ¿Es mi llamado?	5. ¿Va conmigo?
6. ¿Es flexible?	7. ¿Hay trabajo?	8. ¿Tendré apoyo?	9. ¿Es meritoria?	10. ¿Me apasiona?

31. INGENIERÍA INDUSTRIAL Y DE SISTEMAS

<u>El profesionista</u> es un experto matemático en procesos industriales y sistemas de optimización de recursos en las empresas. <u>Puede trabajar en</u> la industria de manufactura, empresas de servicios,

despachos de consultoría, etc. Requiere tener habilidades de razonamiento numérico, de síntesis y abstracción, buena comunicación verbal y escrita, actitudes de liderazgo, ética, y crítica, interés por las ciencias exactas, la investigación, el desarrollo tecnológico, etc.

1. ¿Soy apto?	2. ¿Me interesa?	3. ¿Tendré apoyo?	4. ¿Es mi llamado?	5. ¿Va conmigo?
6. ¿Es flexible?	7. ¿Hay trabajo?	8. ¿Tendré apoyo?	9. ¿Es meritoria?	10. ¿Me apasiona?

32. INGENIERÍA MECATRÓNICA

(Biónica, robótica, comunicación electrónica)

El profesionista es un experto matemático en creación, operación y mantenimiento de equipos electrónicos, de telecomunicaciones y de procesos industriales, utilizando la electrónica, mecánica y la computación. Puede trabajar desarrollando robots de tipo industrial, máquinas automatizadas, equipos de inteligencia artificial. Requiere tener gusto por la investigación, gusto por las matemáticas, computación para ingenieros, dibujo mecánico e industrial, electricidad, magnetismo, mecánica, fluidos, etc.

1. ¿Soy apto?	2. ¿Me interesa?	3. ¿Tendré apoyo?	4. ¿Es mi llamado?	5. ¿Va conmigo?
6. ¿Es flexible?	7. ¿Hay trabajo?	8. ¿Tendré apoyo?	9. ¿Es meritoria?	10. ¿Me apasiona?

33. INGENIERÍA EN TECNOLOGÍA EN ANIMACIÓN

El profesionista es un experto matemático en arte digital; desarrolla diseños de productos en tercera dimensión, animaciones y sistemas interactivos. Puede trabajar en empresas donde se realicen efectos especiales, animación, visión artificial, desarrollo urbano, cinematografía, comunicación, diseño automotriz, videojuegos, etc. Requiere pasión por la tecnología y el arte; creatividad, dominio de la computación, matemática y tecnológica, etc.

1. ¿Soy apto?	2. ¿Me interesa?	3. ¿Tendré apoyo?	4. ¿Es mi llamado?	5. ¿Va conmigo?
6. ¿Es flexible?	7. ¿Hay trabajo?	8. ¿Tendré apoyo?	9. ¿Es meritoria?	10. ¿Me apasiona?

34. INGENIERÍA AERONAUTICA

El profesionista es un experto matemático en diseñar, construir, instalar, operar, y dar mantenimiento a aeronaves (aviones, avionetas, helicópteros, etc.). Puede trabajar en la industria aeronáutica y del transporte aéreo o industrias donde se utilicen todo tipo de plantas de potencia tales como turbinas industriales, hidroeléctricas, termoeléctricas, centros de investigación y docencia. Requiere aprender software, química, física, matemáticas, diseño por computadora, aerodinámica, navegación aérea, etc.

1. ¿Soy apto?	2. ¿Me interesa?	3. ¿Tendré apoyo?	4. ¿Es mi llamado?	5. ¿Va conmigo?
6. ¿Es flexible?	7. ¿Hay trabajo?	8. ¿Tendré apoyo?	9. ¿Es meritoria?	10. ¿Me apasiona?

35. INGENIERÍA DEL TRANSPORTE

El profesionista es un experto matemático en movilización de productos y personas. Mejora, construye y planifica los sistemas de transportación. Puede trabajar en empresas de autotransporte, (autobuses, aéreas, ferroviarias, marítimas), puertos marítimos, aeropuertos, terminales camioneras, estaciones ferroviarias, etc.

Requiere buena condición física y mental, actitud de servicio, manejo de relaciones interpersonales, habilidades para diseño, tecnología de vehículos, transporte aéreo, simulación, ingeniería de tránsito, etc.

1. ¿Soy apto?	2. ¿Me interesa?	3. ¿Tendré apoyo?	4. ¿Es mi llamado?	5. ¿Va conmigo?

6. ¿Es flexible?	7. ¿Hay trabajo?	8. ¿Tendré apoyo?	9. ¿Es meritoria?	10. ¿Me apasiona?

36. INGENIERÍA MINERA

(Extractiva, metalúrgica, energética, química, petrolera, etc.)

El profesionista es un experto matemático en aprovechamiento y extracción de los recursos energéticos y minerales. Puede trabajar en minas, industria siderúrgica, industria petroquímica, centros de investigación y docencia. Requiere aprender matemáticas, química, física, geología, computación, termodinámica, ciencia de los materiales, procesos extractivos, etc.

1. ¿Soy apto?	2. ¿Me interesa?	3. ¿Tendré apoyo?	4. ¿Es mi llamado?	5. ¿Va conmigo?

6. ¿Es flexible?	7. ¿Hay trabajo?	8. ¿Tendré apoyo?	9. ¿Es meritoria?	10. ¿Me apasiona?

37. INGENIERÍA TEXTIL

El profesionista es un experto matemático en la industria textil y en sus especialidades que son la confección, acabados, hilados y tejidos. Puede trabajar en industrias textiles y del vestido. Requiere capacidad para manejo de maquinaria, ser investigador, creativo, emprendedor, interés en aprender fibrología, teoría de hilados, teoría de tejidos, diseño de prendas de vestir, seguridad industrial, colorantes, estampados, economía industrial, electromecánica, etc.

1. ¿Soy apto?	2. ¿Me interesa?	3. ¿Tendré apoyo?	4. ¿Es mi llamado?	5. ¿Va conmigo?
6. ¿Es flexible?	7. ¿Hay trabajo?	8. ¿Tendré apoyo?	9. ¿Es meritoria?	10. ¿Me apasiona?

38. INGENIERÍA ELECTRICA / ELECTRÓNICA

El profesionista es un experto matemático en tecnología eléctrica y electrónica. Puede trabajar en empresas orientadas a la tecnología y comunicaciones como producción de electrodomésticos, etc. Requiere además de las habilidades de todas las ingenierías, un espíritu investigador y dominio de áreas afines a la electricidad, electrónica y computación, etc.

1. ¿Soy apto?	2. ¿Me interesa?	3. ¿Tendré apoyo?	4. ¿Es mi llamado?	5. ¿Va conmigo?
6. ¿Es flexible?	7. ¿Hay trabajo?	8. ¿Tendré apoyo?	9. ¿Es meritoria?	10. ¿Me apasiona?

39. INGENIERÍA MECÁNICA

(Electromecánica, automotriz, etc.)

El profesionista es un experto matemático en máquinas y sistemas mecánicos. Puede trabajar en empresas del sector productivo, en áreas de producción, diseño, mantenimiento y manufactura de máquinas o sus partes, en la industria metal mecánica, petroquímica, aeronáutica, etc. Requiere además de los conocimientos de ingeniería, habilidades manuales para el trabajo con instrumentos especializados.

1. ¿Soy apto?	2. ¿Me interesa?	3. ¿Tendré apoyo?	4. ¿Es mi llamado?	5. ¿Va conmigo?

6. ¿Es flexible?	7. ¿Hay trabajo?	8. ¿Tendré apoyo?	9. ¿Es meritoria?	10. ¿Me apasiona?

TURISMO Y RECREACIÓN

40. GASTRONOMÍA
(Arte culinario)

El profesionista es experto en la preparación y presentación de alimentos. Puede trabajar en restaurantes, hoteles, comedores industriales, cocinas institucionales, empresas de banquetes, centros turísticos, centros de convenciones, etc. Requiere ser creativo, innovador, hábil para los idiomas, gusto por la cocina, saber de nutrición, higiene, selección, adquisición y calidad de los alimentos, química y preservación de alimentos, manejo de restaurantes y personal, etc.

1. ¿Soy apto?	2. ¿Me interesa?	3. ¿Tendré apoyo?	4. ¿Es mi llamado?	5. ¿Va conmigo?

6. ¿Es flexible?	7. ¿Hay trabajo?	8. ¿Tendré apoyo?	9. ¿Es meritoria?	10. ¿Me apasiona?

41. TURISMO
(Administraciónde empresas turísticas)

El profesionista es experto en hospedaje, sitios turísticos y actividades de esparcimiento, cultura y diversión para turistas. Puede trabajar en hoteles, campamentos, agencias de viajes, centros de promoción turística, empresas organizadoras de eventos, congresos y convenciones, restaurantes, bares, etc. Requiere saber trabajar en equipo, relaciones interpersonales, actitud de servicio, facilidad de palabra, gusto por viajar, aprecio por la naturaleza e historia, sensibilidad al arte y la cultura, habilidades y conocimientos de administración, etc.

1. ¿Soy apto?	2. ¿Me interesa?	3. ¿Tendré apoyo?	4. ¿Es mi llamado?	5. ¿Va conmigo?
6. ¿Es flexible?	7. ¿Hay trabajo?	8. ¿Tendré apoyo?	9. ¿Es meritoria?	10. ¿Me apasiona?

42. ADMINISTRACIÓN DEL DEPORTE Y RECREACIÓN

El profesionista optimiza los recursos financieros y humanos de empresas relacionadas con el deporte y la recreación. Puede trabajar en clubes deportivos, gimnasios y centros de acondicionamiento físico, parques y campamentos recreativos, escuelas de enseñanza técnico deportiva, ligas deportivas, spas, etc. Requiere plena salud física y mental, saber administración, logística, matemáticas, ecología, anatomía, etc.

1. ¿Soy apto?	2. ¿Me interesa?	3. ¿Tendré apoyo?	4. ¿Es mi llamado?	5. ¿Va conmigo?
6. ¿Es flexible?	7. ¿Hay trabajo?	8. ¿Tendré apoyo?	9. ¿Es meritoria?	10. ¿Me apasiona?

CIENCIAS EXACTAS

43. FÍSICA

El profesionista es un investigador que crea y estudia fenómenos naturales y elabora teorías para explicarlos. Puede trabajar en la industria electrónica, nuclear, óptica, eléctrica, metalúrgica, petrolera, hospitales, centros de investigación y enseñanza. Requiere ser investigador, analítico, razonamiento hipotético deductivo, comprender, divulgar y elaborar artículos de divulgación científica, manejo y procesamiento de datos, disciplinado, responsable; dominio de matemáticas, mecánica, astronomía, mecánica, cibernética, óptica, etc.

1. ¿Soy apto?	2. ¿Me interesa?	3. ¿Tendré apoyo?	4. ¿Es mi llamado?	5. ¿Va conmigo?
6. ¿Es flexible?	7. ¿Hay trabajo?	8. ¿Tendré apoyo?	9. ¿Es meritoria?	10. ¿Me apasiona?

44. MATEMÁTICAS

El profesionista es un investigador y estudioso de conceptos matemáticos; álgebra, cálculo, etc. Puede trabajar en centros de investigación y de docencia. Requiere ser analítico, amar las matemáticas.

1. ¿Soy apto?	2. ¿Me interesa?	3. ¿Tendré apoyo?	4. ¿Es mi llamado?	5. ¿Va conmigo?
6. ¿Es flexible?	7. ¿Hay trabajo?	8. ¿Tendré apoyo?	9. ¿Es meritoria?	10. ¿Me apasiona?

45. QUÍMICA

(Ingeniería química, ciencias químicas, etc.)

El profesionista estudia las transformaciones de la materia y de la energía, aplicando estos conocimientos a la creación de procesos y productos. Puede trabajar en la industria de la transformación, energética, metal-mecánica, de productos químicos, de papel, textiles, plásticos, centros de investigación y docencia, etc. Requiere amar la química, física y matemáticas; tener gusto por la investigación, capacidad de análisis, síntesis y abstracción, etc.

1. ¿Soy apto?	2. ¿Me interesa?	3. ¿Tendré apoyo?	4. ¿Es mi llamado?	5. ¿Va conmigo?

6. ¿Es flexible?	7. ¿Hay trabajo?	8. ¿Tendré apoyo?	9. ¿Es meritoria?	10. ¿Me apasiona?

46. ASTRONOMÍA

El profesionista estudia el universo más allá de la atmósfera terrestre, la evolución de las estrellas, las galaxias, entre otros fenómenos. Puede trabajar en observatorios astronómicos, centros de instrucción de navegación marítima y aérea, en centros meteorológicos, centros de investigación y docencia etc. Requiere interés por la investigación y la ciencia, habilidades físico-matemáticas, curiosidad por el cosmos, etc. Aunque esta carrera existe en muchos países, en algunos (como México) no se imparte, como tal. Quienes desean ser Astrónomos deben estudiar la licenciatura en física, matemáticas y/o áreas afines.

1. ¿Soy apto?	2. ¿Me interesa?	3. ¿Tendré apoyo?	4. ¿Es mi llamado?	5. ¿Va conmigo?

6. ¿Es flexible?	7. ¿Hay trabajo?	8. ¿Tendré apoyo?	9. ¿Es meritoria?	10. ¿Me apasiona?

CIENCIAS ECONÓMICO ADMINISTRATIVAS

47. ADMINISTRACIÓN

(Creación y desarrollo de empresas, negocios, relaciones industriales)

El profesionista organiza y optimiza los recursos financieros y humanos en las empresas, realiza estudios de mercado, económicos, laborales y de atención al cliente. Puede trabajar en empresas de todos los tamaños en diversos sectores, despachos de consultoría, cámaras de comercio, etc. Requiere ser líder, emprendedor, tener destreza en matemáticas, computación, trabajo en equipo, expresión verbal y escrita, persuasión, contabilidad, economía, mercadotecnia, etc.

1. ¿Soy apto?	2. ¿Me interesa?	3. ¿Tendré apoyo?	4. ¿Es mi llamado?	5. ¿Va conmigo?

6. ¿Es flexible?	7. ¿Hay trabajo?	8. ¿Tendré apoyo?	9. ¿Es meritoria?	10. ¿Me apasiona?

48. ECONOMÍA

El profesionista estudia los procesos de producción y compra venta de bienes y servicios. Sugiere cómo resolver problemas relacionados con la generación de riqueza. Puede trabajar en el gobierno, bancos, casas de bolsa, compañías de seguros, despachos, consultorías. Requiere saber interpretar datos, capacidad de análisis, dominio de matemáticas, ciencias políticas, ética, sociología, historia, contabilidad, manejo monetario, etc.

1. ¿Soy apto?	2. ¿Me interesa?	3. ¿Tendré apoyo?	4. ¿Es mi llamado?	5. ¿Va conmigo?

6. ¿Es flexible?	7. ¿Hay trabajo?	8. ¿Tendré apoyo?	9. ¿Es meritoria?	10. ¿Me apasiona?

49. FINANZAS

(Administración financiera, seguros y fianzas)

El profesionista estudia el flujo y comportamiento del dinero. Puede trabajar en bancos, casas de bolsa, empresas de contraloría, consultoría fiscal, auditoría, agencias aduanales; operar en el Mercado de Valores y gestionar inversiones. <u>Requiere</u> ser muy honrado, justo, emprendedor, saber trabajar bajo presión, dominar matemáticas, razonamiento mental, contaduría, economía, leyes, computación, etc.

1. ¿Soy apto?	2. ¿Me interesa?	3. ¿Tendré apoyo?	4. ¿Es mi llamado?	5. ¿Va conmigo?
6. ¿Es flexible?	7. ¿Hay trabajo?	8. ¿Tendré apoyo?	9. ¿Es meritoria?	10. ¿Me apasiona?

50. RELACIONES INTERNACIONALES

<u>El profesionista</u> se especializa en las relaciones públicas con personas y empresas de otros países. <u>Puede trabajar</u> en áreas de alta dirección y planeación estratégica internacional, embajadas, consulados, consorcios de comercio exterior, agencias aduanales, etc. <u>Requiere</u> hablar dos o más lenguas extranjeras, tener habilidad de negociación y de resolución de problemas, ser persuasivo, ordenado y disciplinado, conocer sistemas políticos, conflictos internacionales, historia, economía, etc.

1. ¿Soy apto?	2. ¿Me interesa?	3. ¿Tendré apoyo?	4. ¿Es mi llamado?	5. ¿Va conmigo?
6. ¿Es flexible?	7. ¿Hay trabajo?	8. ¿Tendré apoyo?	9. ¿Es meritoria?	10. ¿Me apasiona?

51. CONTADURÍA

<u>El profesionista</u> registra los ingresos y egresos de una empresa o persona física, implementa sistemas de información contable, fiscal y financieros; hace auditorías, reportes y pagos fiscales. <u>Puede trabajar</u> en empresas, despachos contables, oficinas públicas, etc.

Requiere ser muy organizado, objetivo, emprendedor, ético; dominio de matemáticas, leyes, contabilidad, estadística, computación, administración, finanzas, economía, auditoria, etc.

1. ¿Soy apto?	2. ¿Me interesa?	3. ¿Tendré apoyo?	4. ¿Es mi llamado?	5. ¿Va conmigo?
6. ¿Es flexible?	7. ¿Hay trabajo?	8. ¿Tendré apoyo?	9. ¿Es meritoria?	10. ¿Me apasiona?

52. ACTUARÍA Y MATEMÁTICAS APLICADAS

El profesionista es el científico matemático especialista en detectar riesgos que puedan afectar los bienes económicos o financieros de personas o empresas. Por ejemplo, el actuario determina las tablas de valores de las compañías aseguradoras y hace estudios numéricos para casi cualquier proceso. Puede trabajar en todos los campos productivos, y como consultor independiente. Requiere dominar las matemáticas, la computación y saber de política, economía, contabilidad, finanzas, administración, etc.

1. ¿Soy apto?	2. ¿Me interesa?	3. ¿Tendré apoyo?	4. ¿Es mi llamado?	5. ¿Va conmigo?
6. ¿Es flexible?	7. ¿Hay trabajo?	8. ¿Tendré apoyo?	9. ¿Es meritoria?	10. ¿Me apasiona?

53. RELACIONES PÚBLICAS

El profesionista establece vínculos amistosos entre las organizaciones, genera alianzas y maneja la imagen pública de personas y empresas. Puede trabajar en empresas de gobierno o privadas, hoteles, restaurantes, despachos, consultorías, etc. Requiere muy buen manejo de las relaciones humanas, ser una persona abierta, extrovertida y sociable; tener capacidad de persuasión y liderazgo; saber economía, estadística, política, psicología, mercadotecnia, derecho, etc.

1. ¿Soy apto?	2. ¿Me interesa?	3. ¿Tendré apoyo?	4. ¿Es mi llamado?	5. ¿Va conmigo?
6. ¿Es flexible?	7. ¿Hay trabajo?	8. ¿Tendré apoyo?	9. ¿Es meritoria?	10. ¿Me apasiona?

54. COMERCIO INTERNACIONAL
(Comercio exterior, ciencias aduaneras, logística internacional)

El profesionista realiza compra venta de productos y servicios entre empresas de diferentes países. Hace negociaciones, funge como intermediario y organiza paquetes completos de importaciones y exportaciones. Puede trabajar en empresas de compra, venta, tráfico y distribución de productos; bancos, aseguradoras, agencias aduanales y cualquier empresa que importe o exporte. Requiere ser emprendedor, saber negociar, habilidades matemáticas, dominio de otras lenguas, economía, finanzas, leyes mercantiles, etc.

1. ¿Soy apto?	2. ¿Me interesa?	3. ¿Tendré apoyo?	4. ¿Es mi llamado?	5. ¿Va conmigo?
6. ¿Es flexible?	7. ¿Hay trabajo?	8. ¿Tendré apoyo?	9. ¿Es meritoria?	10. ¿Me apasiona?

55. MERCADOTECNIA
(Publicidad, marketing)

El profesionista analiza lo que la gente compra o quiere comprar. Asesora a las empresas para que aumenten sus ventas Puede trabajar en empresas públicas o privadas en las áreas de investigación de mercados, comercialización, estrategias de ventas y precios, agencias de publicidad, consultorías, etc. Requiere tener sensibilidad para percibir las necesidades de la gente, buen manejo de relaciones humanas, capacidad de comunicación, poder de negociación; finanzas, economía, contabilidad, matemáticas, estadística, derecho, innovación de productos, etc.

1. ¿Soy apto?	2. ¿Me interesa?	3. ¿Tendré apoyo?	4. ¿Es mi llamado?	5. ¿Va conmigo?
6. ¿Es flexible?	7. ¿Hay trabajo?	8. ¿Tendré apoyo?	9. ¿Es meritoria?	10. ¿Me apasiona?

CIENCIAS DE LA SALUD

56. MEDICINA

(Médico cirujano o internista, con una vasta gama de especialidades)

El profesionista previene, diagnostica y da tratamiento a las enfermedades de las personas. Puede trabajar en consultorios, hospitales, empresas farmacéuticas, de equipos médicos, centros de investigación, laboratorios, docencia... Requiere altruismo, disposición para prepararse continuamente y toda la vida, precisión en el manejo de instrumentos, conocimientos en anatomía, bioquímica, psicología, farmacología, fisiología, microbiología, parasitología, cirugía, patología, neurología, radiología, etc.

1. ¿Soy apto?	2. ¿Me interesa?	3. ¿Tendré apoyo?	4. ¿Es mi llamado?	5. ¿Va conmigo?
6. ¿Es flexible?	7. ¿Hay trabajo?	8. ¿Tendré apoyo?	9. ¿Es meritoria?	10. ¿Me apasiona?

57. ODONTOLOGÍA

(Cirujano dentista, estomatología)

El profesionista previe, diagnostica y trata las enfermedades que afectan los dientes, las encías, la lengua, el paladar, las glándulas salivales, los labios y la articulación craneomandibular. Puede trabajar en consultorios, hospitales, centros de investigación, etc. Requiere ser altruista, empático, analítico, aprender anatomía, bioquímica, fisiología, microbiología, patología general, radiología, farmacología, técnicas quirúrgicas, de anestesia, etc.

1. ¿Soy apto?	2. ¿Me interesa?	3. ¿Tendré apoyo?	4. ¿Es mi llamado?	5. ¿Va conmigo?
6. ¿Es flexible?	7. ¿Hay trabajo?	8. ¿Tendré apoyo?	9. ¿Es meritoria?	10. ¿Me apasiona?

58. OPTOMETRÍA

El profesionista se especializa en detectar, tratar y rehabilitar los problemas del sistema visual (miopía, estrabismo, etc.). Puede trabajar en hospitales, ópticas, escuelas, laboratorios: Requiere ser servicial, empático, saber sobre óptica, farmacología ocular, anatomía, neurología, etc.

1. ¿Soy apto?	2. ¿Me interesa?	3. ¿Tendré apoyo?	4. ¿Es mi llamado?	5. ¿Va conmigo?
6. ¿Es flexible?	7. ¿Hay trabajo?	8. ¿Tendré apoyo?	9. ¿Es meritoria?	10. ¿Me apasiona?

59. ENFERMERIA Y OBSTETRICIA

(Gerontología, promoción de salud)

El profesionista promueve la vida y la salud de adultos y bebés; auxilia en partos y cesáreas; aplica tratamientos, rehabilita enfermos.

Puede trabajar en hospitales, consultorios, asilos, centros de rehabilitación, etc. Requiere ser altruista, servicial, humanista, ético, conocer técnicas curativas y terapéuticas, etc.

1. ¿Soy apto?	2. ¿Me interesa?	3. ¿Tendré apoyo?	4. ¿Es mi llamado?	5. ¿Va conmigo?
6. ¿Es flexible?	7. ¿Hay trabajo?	8. ¿Tendré apoyo?	9. ¿Es meritoria?	10. ¿Me apasiona?

60. NUTRICIÓN

(Dietética, ciencia de alimentos, ingeniería en alimentos)

El profesionista diseña la alimentación ideal para una persona o
una comunidad. Puede trabajar en la industria alimenticia, universidades, hospitales, consultorios, asilos, guarderías, restaurantes,
comedores industriales, deportivos, escuelas. Requiere genuino interés por el estudio de los alimentos, sus propiedades, su manejo
y preparación, así como los hábitos relacionados con su consumo,
etc.

1. ¿Soy apto?	2. ¿Me interesa?	3. ¿Tendré apoyo?	4. ¿Es mi llamado?	5. ¿Va conmigo?
6. ¿Es flexible?	7. ¿Hay trabajo?	8. ¿Tendré apoyo?	9. ¿Es meritoria?	10. ¿Me apasiona?

61. TERAPIA FÍSICA Y REHABILITACIÓN

(Fisoterapia, quiropráctica, etc.)

El profesionista restaura las potencialidades físicas de una persona
lesionada o con alguna discapacidad. Puede trabajar en centros
de salud, hospitales, consultorios, asilos, guarderías, centros de
rehabilitación, deportivos, etc. Requiere tener actitud de servicio y

paciencia; conocer anatomía, fisiología, neuroanatomía, ejercicios terapéuticos, etc.

1. ¿Soy apto?	2. ¿Me interesa?	3. ¿Tendré apoyo?	4. ¿Es mi llamado?	5. ¿Va conmigo?
6. ¿Es flexible?	7. ¿Hay trabajo?	8. ¿Tendré apoyo?	9. ¿Es meritoria?	10. ¿Me apasiona?

CIENCIAS BIOLÓGICAS

62. BIOLOGÍA

El profesionista estudia a los seres vivos desde el nivel celular hasta los ecosistemas, propone alternativas de manejo y aprovechamiento de recursos naturales, conservación y preservación del medio ambiente. Puede trabajar en la docencia, empresas agroindustriales, de investigación, laboratorios, etc. Requiere interés por la ciencia, plantas y animales; aprender botánica, zoología, estadística, ecología, economía, genética, etc.

1. ¿Soy apto?	2. ¿Me interesa?	3. ¿Tendré apoyo?	4. ¿Es mi llamado?	5. ¿Va conmigo?
6. ¿Es flexible?	7. ¿Hay trabajo?	8. ¿Tendré apoyo?	9. ¿Es meritoria?	10. ¿Me apasiona?

63. GENÉTICA
(Ciencias genómicas)

El profesionista estudia el ADN de los seres vivos para dar información a la ciencia médica y a la industria agropecuaria o de alimentos. Puede trabajar en centros de investigación científicos, laboratorios, docencia especializada, industrias de biotecnología, farmacéuticas, etc. Requiere gran interés por la ciencia y conocimientos similares al biólogo, etc.

1. ¿Soy apto?	2. ¿Me interesa?	3. ¿Tendré apoyo?	4. ¿Es mi llamado?	5. ¿Va conmigo?

6. ¿Es flexible?	7. ¿Hay trabajo?	8. ¿Tendré apoyo?	9. ¿Es meritoria?	10. ¿Me apasiona?

64. QUÍMICO BIOLÓGO FARMACÓLOGO

El profesionista se especializa en enfermedades humanas, diagnóstico, análisis clínicos, evaluación y producción de medicamentos. Puede trabajar en industrias farmacéuticas, hospitales, laboratorios clínicos, centros de investigación. Requiere tener una gran disciplina e interés por la investigación, además de conocimientos de matemáticas, química, biología celular, toxicología, etc.

1. ¿Soy apto?	2. ¿Me interesa?	3. ¿Tendré apoyo?	4. ¿Es mi llamado?	5. ¿Va conmigo?

6. ¿Es flexible?	7. ¿Hay trabajo?	8. ¿Tendré apoyo?	9. ¿Es meritoria?	10. ¿Me apasiona?

65. BIOMEDICINA

El profesionista realiza investigaciones sobre enfermedades y sus posibles formas de curación médica. Puede trabajar en laboratorios de investigación y desarrollo tecnológico, en la industria químicofarmacéutica, en instituciones del Sector Salud, etc. Requiere interés por la ciencia e investigación; pensamiento lógico, conocimientos en ciencias exactas, matemáticas, fisicoquímica, bioquímica, estadística, inmunología, genética, parasitología, biotecnología, etc.

1. ¿Soy apto?	2. ¿Me interesa?	3. ¿Tendré apoyo?	4. ¿Es mi llamado?	5. ¿Va conmigo?
6. ¿Es flexible?	7. ¿Hay trabajo?	8. ¿Tendré apoyo?	9. ¿Es meritoria?	10. ¿Me apasiona?

CIENCIAS AGROPECUARIAS Y AMBIENTALES

66. AGRONOMÍA Y CIENCIAS FORESTALES

El profesionista mejora la calidad de los procesos de la producción agrícola y ganadera valiéndose de la ciencia y la tecnología. Puede trabajar en empresas del campo para la comercialización de especies agrícolas o forestales y entidades gubernamentales. Requiere interés por la naturaleza, las actividades al aire libre, los problemas del campo, vocación de servicio, solidaridad y dominar temas de biología, química, física, matemáticas, etc.

1. ¿Soy apto?	2. ¿Me interesa?	3. ¿Tendré apoyo?	4. ¿Es mi llamado?	5. ¿Va conmigo?
6. ¿Es flexible?	7. ¿Hay trabajo?	8. ¿Tendré apoyo?	9. ¿Es meritoria?	10. ¿Me apasiona?

67. CIENCIAS DEL MAR Y RECURSOS PESQUEROS

El profesionista optimiza el desarrollo sustentable de peces, especies marinas y costas. Puede trabajar en el gobierno y en empresas dedicadas a la extracción de productos marinos y conservación de los océanos. <u>Requiere</u> amar el mar, tener interés por el mundo marino, saber biología oceanógrafa, física, química, pesca, acuacultura, etc.

1. ¿Soy apto?	2. ¿Me interesa?	3. ¿Tendré apoyo?	4. ¿Es mi llamado?	5. ¿Va conmigo?
6. ¿Es flexible?	7. ¿Hay trabajo?	8. ¿Tendré apoyo?	9. ¿Es meritoria?	10. ¿Me apasiona?

68. VETERINARIA Y ZOOTECNIA

<u>El profesionista</u> resguarda la salud de los animales, controla la transmisión de enfermedades de animales a humanos, optimiza la generación de productos de origen animal, promueve el cuidado de mascotas y la preservación de fauna silvestre. <u>Puede trabajar</u> en clínicas veterinarias, zoológicos, organismos dedicados al desarrollo pecuario, hípicos, etc. <u>Requiere</u> dominar temas de anatomía, biología, química, manejo de animales, farmacología, cirugía, medicina; necesita tener profundo amor por los animales.

1. ¿Soy apto?	2. ¿Me interesa?	3. ¿Tendré apoyo?	4. ¿Es mi llamado?	5. ¿Va conmigo?
6. ¿Es flexible?	7. ¿Hay trabajo?	8. ¿Tendré apoyo?	9. ¿Es meritoria?	10. ¿Me apasiona?

69. GEOLOGÍA Y GEOFÍSICA

<u>El profesionista</u> estudia la corteza terrestre, dirige exploraciones, evalúa los recursos energéticos, minerales e hidrológicos; determina los riesgos geológicos. <u>Puede trabajar</u> en empresas de protección al

medio ambiente, constructoras, industria minera, recursos hidráulicos, industria petrolera. Requiere interés por las ciencias naturales, por el conocimiento científico y tecnológico, saber interpretar la información contenida en la corteza terrestre.

1. ¿Soy apto?	2. ¿Me interesa?	3. ¿Tendré apoyo?	4. ¿Es mi llamado?	5. ¿Va conmigo?
6. ¿Es flexible?	7. ¿Hay trabajo?	8. ¿Tendré apoyo?	9. ¿Es meritoria?	10. ¿Me apasiona?

70. ECOLOGÍA, CIENCIAS AMBIENTALES Y ATMOSFÉRICAS

El profesionista investiga el medio ambiente, la vida en la Tierra y los recursos naturales, siempre para promover su conservación; también maneja métodos de acción ante diferentes condiciones climatológicas. Puede trabajar elaborando proyectos de restauración de recursos naturales, análisis climatológicos, docencia e investigación. Requiere tener respeto por la naturaleza y su conservación, disfrutar de las actividades al aire libre, interés por la investigación, estudio de la biología, etc.

1. ¿Soy apto?	2. ¿Me interesa?	3. ¿Tendré apoyo?	4. ¿Es mi llamado?	5. ¿Va conmigo?
6. ¿Es flexible?	7. ¿Hay trabajo?	8. ¿Tendré apoyo?	9. ¿Es meritoria?	10. ¿Me apasiona?

CIENCIAS SOCIALES

71. GEOGRAFÍA

El profesionista es experto en el espacio físico y social del hombre. Puede trabajar en centros de información geográfica, económica y social, la industria extractiva, escuelas, etc. Requiere gusto por trabajar en áreas abiertas, aprenderá estadística, demografía, geología, restauración de suelos, fotografía, oceanografía, análisis e interpretación de mapas, etc.

1. ¿Soy apto?	2. ¿Me interesa?	3. ¿Tendré apoyo?	4. ¿Es mi llamado?	5. ¿Va conmigo?

6. ¿Es flexible?	7. ¿Hay trabajo?	8. ¿Tendré apoyo?	9. ¿Es meritoria?	10. ¿Me apasiona?

72. HISTORIA

El profesionista recopila y ordena los vestigios del pasado humano. Puede trabajar en el área de desarrollo social y cultural, archivos, bibliotecas, hemerotecas, museos, empresas editoriales, centros de investigación, docencia. Requiere gusto por la lectura, la cultura y la historia, etc.

1. ¿Soy apto?	2. ¿Me interesa?	3. ¿Tendré apoyo?	4. ¿Es mi llamado?	5. ¿Va conmigo?

6. ¿Es flexible?	7. ¿Hay trabajo?	8. ¿Tendré apoyo?	9. ¿Es meritoria?	10. ¿Me apasiona?

73. ANTROPOLOGÍA

El profesionista estudia al hombre en sociedad a partir de aspectos biológicos, lingüísticos, económicos, políticos y socioculturales. Puede trabajar en dependencias públicas que busquen la mejor convivencia entre las poblaciones, en medios de comunicación, escuelas, etc. Requiere actitud de servicio, buen manejo de la interacción humana, que le guste leer, historia, sociología, geografía, estadística, etc.

1. ¿Soy apto?	2. ¿Me interesa?	3. ¿Tendré apoyo?	4. ¿Es mi llamado?	5. ¿Va conmigo?
6. ¿Es flexible?	7. ¿Hay trabajo?	8. ¿Tendré apoyo?	9. ¿Es meritoria?	10. ¿Me apasiona?

74. ARQUEOLOGÍA

El profesionista estudia las sociedades a través de sus restos materiales, hallazgos y vestigios que permitan entender las antiguas comunidades que existieron en otras épocas. Puede trabajar en museos, centros de investigación, docencia, participando en proyectos de excavación y conservación de zonas arqueológicas. Requiere gusto por el trabajo en ruinas y espacios abiertos, leer sobre historia, sociología, etc.

1. ¿Soy apto?	2. ¿Me interesa?	3. ¿Tendré apoyo?	4. ¿Es mi llamado?	5. ¿Va conmigo?
6. ¿Es flexible?	7. ¿Hay trabajo?	8. ¿Tendré apoyo?	9. ¿Es meritoria?	10. ¿Me apasiona?

75. PALEONTOLOGÍA

El profesionista estudia los fósiles y todo resto o impresión de un organismo que vivió en épocas geológicas. Puede trabajar en la industria del petróleo, museos, investigación y docencia, también como asesor o encargado de la preservación, protección y tutela del patrimonio paleontológico. Requiere ser observador, crítico, analítico, interdisciplinario, interés por la ciencia e investigación, metódico, etc.

1. ¿Soy apto?	2. ¿Me interesa?	3. ¿Tendré apoyo?	4. ¿Es mi llamado?	5. ¿Va conmigo?
6. ¿Es flexible?	7. ¿Hay trabajo?	8. ¿Tendré apoyo?	9. ¿Es meritoria?	10. ¿Me apasiona?

TUS 7 CARRERAS FAVORITAS

Una vez que calificaste los diez aspectos básicos de las 75 carreras, haz la sumatoria de cada una y escribe su calificación final. Selecciona las 7 carreras que tuvieron mayor puntuación. Ahora, considera a las 7 empatadas en primer lugar.

TU CARRERA IDEAL

Realiza un trabajo de investigación para cada una de tus 7 carreras favoritas.

Busca en Internet todo lo referente a ellas, entrevista a profesionistas de esa rama, visita los lugares de trabajo de esos profesionistas, haz un listado de ventajas y desventajas de cada carrera. Elije la mejor para ti.

FUENTES DE CONSULTA RECOMENDADAS

Universidad Nacional Autónoma de México
https://www.dgae.unam.mx/noticias/primingr/informacion/licenciatura.html

Instituto Politécnico Nacional
(Dirección de administración escolar)
http://www.dae.ipn.mx/admision/bloqsup.html

Universidad Autónoma Metropolitana
(Planes de estudio de licenciaturas)
https://www.uam.mx/licenciaturas/index.html

Tecnológico de Monterrey
(Orientación Vocacional)
http://www.itesm.edu/

Universidad Tecnológica de México UNITEC
https://www.unitec.mx/licenciaturas/

Universidad del Valle de México
https://uvm.mx/programas-academicos

Universidad Justo Sierra
https://www.universidad-justosierra.edu.mx/

ABC Carreras
http://www.abcuniversidades.com/

Universidad.org
http://www.universidades.org/

Este libro se imprimió en agosto de 2019
en los talleres de Litográfica Ingramex, S.A. de C.V.
Centeno 162-1, Col. Granjas Esmeralda,
Ciudad de México C.P. 09810
ESD 1e-76-2-M-5-08-19